AF317557

DÉFENSE

DE RICHER,

CHIMÈRE DU RICHÉRISME,

O U

RÉFUTATION DE LA BROCHURE,

INTITULÉE:

DÉCOUVERTE IMPORTANTE

Sur le vrai système de la constitution du Clergé, décrétée par l'Assemblée Nationale.

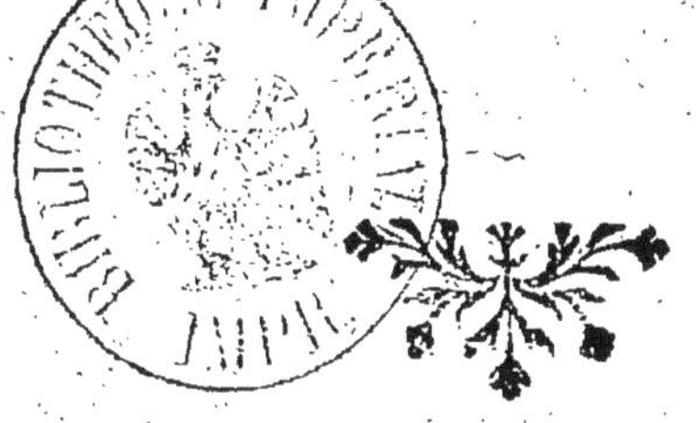

A PARIS,

Chez LE CLERE, Libraire, rue Saint-Martin, près celle aux Ours, N° 254.

1790.

DÉFENSE
DE RICHER.

LE titre de la brochure que j'entreprends de réfuter, semble annoncer la critique des décrets de l'Assemblée Nationale sur la constitution du Clergé. Elle leur oppose, en effet, des raisons fort solides. Mais ce n'est pas l'unique, ni même le principal dessein de l'auteur. Il veut déclamer contre les Jansénistes ; & dans cette vue, il suppose les décrets de l'Assemblée fondés sur leurs principes. Sentant bien qu'il ne peut leur imputer aucune hérésie à l'occasion des cinq fameuses propositions, il en forge une autre, dont il les rend sectateurs. Dans cette intention, voici sa marche :

Le Richérisme est une hérésie qui descend du Calvinisme. Le Jansénisme est une autre hérésie, dans laquelle est fondue le Richérisme. Les décrets de l'Assemblée Nationale sont bâtis sur les dogmes propres à ces trois hérésies. Ils sont donc un amalgame du Calvinisme, du Richérisme & du Jansénisme. Telle est en deux mots l'analyse de la brochure. Jamais peut-être n'a-

(4)

t-on rien vu de fi fou. Dans le point de vue de l'Auteur, il étoit de fon intérêt de noircir Richer. Plus le chef eft odieux, plus les difci-ples méritent d'indignation. Auffi décharge-t-il fa rage fur le célébre Edmon Richer. Il en fait un monftre, un héréfiarque, proprement dit. Il attaque également fa conduite & fa doctrine, & j'ai réfolu de venger l'une & l'autre. C'eft un devoir de défendre la mémoire d'un homme qui a fi bien mérité de l'Eglife & de l'Etat.

L'Auteur a choifi, dans la vie de Richer, quatre circonftances qu'il a cru propres à le diffamer. Une thèfe par lui foutenue en 1591 pendant les troubles de la ligue ; la cenfure de fon Livre, *de ecclefiaftica & politica poteftate* ; fa dépofition du fyndicat de Sorbonne ; enfin, fa prétendue rétractation. Il faut examiner féparément ces différens faits. La difcuffion montrera un calomniateur effronté, un chien qui ne cherche qu'à mordre.

THESE DE RICHER.

Les reproches à cet égard font puifés dans une lettre du Cardinal du Perron. « L'an 1591 ; » au mois d'Octobre, dit ce Cardinal, Richer » foutint publiquement en Sorbonne que *les*

» Etats du royaume étoient indubitablement par-
» deſſus le Roi ; & que Henri III, qui avoit violé
» la foi donnée à la face des Etats, avoit été,
» comme tyran, juſtement tué ; & que ceux
» qui lui reſſembloient, devoient être non-ſeu-
» lement pourſuivis par les armes publiques,
» mais auſſi par les embuches des particuliers ;
» & que Jacques Clément, qui l'avoit tué,
» n'avoit été allumé d'autre paſſion que du zèle
» de la diſcipline eccléſiaſtique, & de l'amour
» des loix de ſa patrie & de la liberté publique,
» de laquelle il avoit été le vengeur & le pro-
» tecteur, & avoit mis des couronnes de gloire
» au chef, & des carcans d'or au col de tous les
» vrais François. Ce ſont, ajoute le Prélat, les
» propres mots de ces anciennes thèſes, dont
» j'ai l'original ».

Suppoſant le fait vrai, Richer a été porté à
cet horrible excès par les décrets de la Faculté
de Théologie contre Henri III & Henri IV,
par les déclamations des Prédicateurs, & par les
louanges données par Sixte-Quint au crime de
Jacques Clément. Ecoutons Baillet dans la vie de
Richer, liv. I, n. 2.

« Après avoir dicté un cours de Philoſophie,
» il ſe remit ſur les bancs de Théologie pour
» finir ſa licence. La Faculté ſe trouvoit alors

» entiérement déréglée par les désordres que les
» fureurs de la ligue causoient dans la ville de
» Paris, révoltée contre son Roi. Depuis quelques
» mois elle avoit donné un décret en Sorbonne,
» par lequel elle avoit eu l'insolence de déclarer
» tous les sujets du Roi dispensés du serment de
» fidelité qu'ils lui dévoient, & les avoient
» excités à prendre les armes contre lui, sous
» prétexte de conserver la Religion. Cet horri-
» ble décret avoit été publié dans toutes les
» églises & dans plusieurs provinces par les
» Prédicateurs mendians, & par la plupart des
» Curés mêmes. On refusoit déja tout commu-
» nément l'absolution & la communion, &
» même la sépulture ecclésiastique, à quiconque
» refusoit de se départir de l'obéissance d'Henri
» III, qu'on n'appeloit plus autrement que
» l'apostat & le tyran. Enfin, il n'y avoit pas
» quinze jours que ce Prince infortuné avoit
» perdu la vie avec la couronne, par un parri-
» cide que plusieurs regardoient comme le fruit
» du décret de la Sorbonne, lorsque Richer se
» fit inscrire en la Faculté pour le doctorat.

» Ainsi, se trouvant enveloppé dans les
» malheurs de la Théologie du temps, il conti-
» nua dans le préjugé où il avoit été élevé, sans
» que Dieu permît qu'il rencontrât quelque per-

» fonne éclairée pour lui deffiller les yeux.
» Son peu d'expérience, la mauvaife conjonêture
» des temps, & la nature des études qui lui
» étoient prefcrites, fuivant la difcipline fcho-
» laftique, lui ôtoient la connoiffance des an-
» ciens Peres & des Conciles, qui auroient pu
» d'ailleurs produire en lui un bon effet : de
» forte que toute la paffion qu'il faifoit paroître
» pour apprendre les vérités de la Religion, &
» pour fe rendre le plus habile de fa licence,
» le détermina pour - lors aux écrits de Profef-
» feurs, & au traité que Bellarmin, Jéfuite,
» depuis cardinal, avoit publié depuis peu
» touchant l'autorité du Souverain Pontife, qu'on
» lui faifoit refpeêter comme un cinquieme
» Evangile, s'il eft permis de répéter fes ex-
» preffions.

» Il fallut foutenir des thèfes conformes à la
» doêtrine de fes maîtres, & il s'en acquitta
» avec tout le zèle d'un jeune ligueur, difpofé
» à jurer fur les écrits des Efpagnols & des
» Italiens, & infeêté des maximes du Doêteur
» Boucher, Curé de Saint-Benoît, le plus fédi-
» tieux boute-feu de la ligue, qui dans la fuite
» des temps fe rendit l'un de fes plus implaça-
» bles ennemis.

» Il fe laiffa emporter au torrent qui rava-

» geoit alors toute la Sorbonne , & le mauvais
» exemple l'engagea , comme plufieurs autres »
» à louer le parricide de Jacques Clément ,
» comme une action héroïque , qui devoit pro-
» curer la liberté de l'Etat & de l'Eglife de
» France ».

Pour juger de l'état où étoit alors la Faculté
de Théologie , il n'y a qu'à jeter les yeux fur
ce décret , dont la vérité eft atteftée par tous les
Hiftoriens.

« Le Roi fit une capitulation avec les Reif-
» tres, ce que les Ligueurs trouverent fort mau-
» vais. Les prédicateurs crioient que , fans la
» proüeffe & conftance du duc de Guife, l'ar-
» che fut tombée entre les mains des Philif-
» tins , & que l'héréfie eut triomphé de la
» religion. Et là - deffus la Sorbonne fit un
» réfultat fecret , qu'on pouvoit ôter le gouver-
» nement aux princes , qu'on ne trouvoit pas
» tels qu'il falloit , comme l'adminiftration au
» tuteur qu'on avoit pour fufpect. Ce font les
» propres termes de l'arrêté de la Sorbonne ,
» fait en leur collége le mercredi feizieme du
» préfent mois (Décembre 1587.) (1) »

____

(1) Journal d'Henri III. Cologne , 1720, Tom. I,
p. 95.

Si la Sorbonne n'eût jamais fait d'autres dé-crets, on n'auroit à lui reprocher que la fauſſe application d'un principe vrai. La maxime gé-nérale eſt certaine aux yeux de tous ceux qui renoncent aux préjugés. Il ſuffit, pour s'en con-vaincre, de le rappeler que le Roi eſt fait pour ſes ſujets, & non ſes ſujets pour lui. Comment ſeroit-il poſſible que les peuples, n'ayant con-ſulté que leur intérêt, lorſqu'ils ont mis un d'entr'eux ſur leur tête, n'euſſent pas la liberté de choiſir un autre chef, quand ils en ſont mé-contents ?

Mais cette maxime générale ne pouvoit pas s'appliquer aux circonſtances ; elle ſuppoſe une nation entiere, ou du-moins ſa majeure partie, qui, examinant, dans une aſſemblée paiſible, la conduite du Roi, le juge indigne de la couronne qu'elle tranſporte à un autre. La France étoit alors partagée en deux factions qui ſe faiſoient la guerre l'une à l'autre. On ne pouvoit donc pas faire uſage du principe poſé par la Faculté de Théologie.

Nous avons la copie exacte de la concluſion de la Faculté de Théologie, du 7 Janvier 1589, extraite fidélement de ſes regiſtres. Il eſt dit en tête, que ledit jour la ſacrée Faculté de Théologie s'eſt aſſemblée au collége de Sorbonne,

après une procession solemnelle de tous les Ordres
de ladite Faculté, & la messe du Saint-Esprit,
à la requête des Prévôt des marchands, échevins, consuls & citoyens catholiques, pour délibérer sur deux articles extraits d'une requête
à eux présentée, qui étoit ainsi conçue (1) :

« A Monseigneur le duc d'Aumale, gouver-
» neur, & à Messieurs les Prévôt des marchands,
» & échevins de la ville de Paris ».

« Vous remontrent humblement les bons
» bourgeois, manans & habitans de la ville de Pa-
» ris, que plusieurs desdits habitans & autres de
» ce royaume sont en peine & scrupule de con-
» science pour prendre résolution sur les pré-
» paratifs qui se font pour la conservation de
» la Religion catholique, apostolique & romaine,

---

(1) Anno Domini 1589, die 7 mensis Januarii, sacra-
tissima Theologiæ Facultas Parisiensis congregata fuit apud
Collegium Sorbonæ, post publicam supplicationem omnium Ordinum dictæ Facultatis, & Missam de Sancto Spi-
ritu ibidem celebratam postulantibus clarissimis DD. Præ-
fecto, Ædilibus, Consulibus & catholicis Civibus oblato
publico instrumento, & tabellis per eorumdem actuarium
obsignatis, & publico Urbis sigillo munitis, deliberatura
super duobus sequentibus articulis qui deprompti sunt
ex libello supplice prædictorum Civium, cujus tenor est
hujusmodi. (Ibid. aux additions, p. 317.)

» de cette ville de Paris, & de tout l'état de
» ce royaume, à l'encontre des desseins cruel-
» lement exécutés à Blois, & infraction de la
» foi publique, au préjudice de ladite Religion,
» & de l'édit d'union, & de la naturelle liberté
» de la convocation des Etats. Sur quoi lesdits
» supplians desireroient avoir une sainte & vé-
» ritable résolution.

» Ce considéré, il vous plaise promouvoir que
» Messieurs de la Faculté de Théologie soient as-
» semblés pour délibérer sur ces points, cir-
» constances & dépendances, & s'il est permis
» de s'assembler, s'unir & contribuer contre
» le Roi, & si nous sommes encore liés du
» serment que nous lui avons juré, pour sur ce
» donner leur avis & résolution ».

La requête a été répondue en ces termes:

« Soit la présente requête renvoyée par de-
» vers Messieurs de la Faculté de Théologie, les-
» quels feront suppliés s'assembler & donner
» sur ce résolution : fait le septieme Janvier
» 1589. *Signé* Everard, & scellé du sceau pu-
» blic de la ville ».

Voici les deux articles qui ont fait la matiere
de la délibération.

1°. Si le peuple du royaume de France
est dégagé du serment de fidélité qu'il a fait
à Henri III.

2°. S'il peut, en sûreté de conscience, s'armer, s'unir & fournir de l'argent pour la défense & la conservation de l'Eglise C. A. R. dans ce Royaume, contre les conseils pervers & efforts dudit Roi & de ses adhérens ; & contre le violement de la foi publique, dont il s'est rendu coupable à Blois, au préjudice de ladite Religion, de l'édit de la sainte union & de la liberté naturelle de la convocation des trois Ordres de ce Royaume.

La sacrée Faculté ayant entendu sur ces deux points la mûre délibération des Docteurs au nombre de 70, ainsi que plusieurs raisons puisées dans les Livres saints, les Canons & les décrets des Papes, a résolu unanimement, par forme d'avis, pour rassurer la conscience du peuple :

1°. Que le peuple du royaume est délié & dégagé du serment de fidélité qu'il a fait à Henri III.

2°. Qu'il peut licitement & en sûreté de conscience s'armer, s'unir & ramasser de l'argent pour la défense & la conservation de la Religion catholique, apostolique & romaine, contre les desseins pervers & les efforts dudit Roi, depuis qu'il a violé la foi publique à Blois, au préjudice de ladite Religion, de l'édit de la sainte union, & de la liberté naturelle de la convocation des trois Ordres du royaume.

La sacrée Faculté arrête d'envoyer sa résolution au Pape pour en obtenir son approbation (1).

M. de Thou, rendant compte de cette résolution de la Faculté de Théologie, ajoute qu'elle
fut imprimée & rendue publique. « Il paroîs-

---

(1) Super quibus articulis, auditâ omnium & singu-
lorum Magistrorum, qui ad septuaginta convenerant,
maturâ, accuratâ & liberâ deliberatione, & auditis mul-
tis & variis rationibus, quæ magnâ ex parte, tum ex Scrip-
turis sacris, tum canonicis sanctionibus & Decretis Pon-
tificum in medium disertissimis verbis productæ sunt, con-
clusum est à Domino Decano ejusdem Facultatis, nemine re-
fragante, & hoc per modum consilii, ad liberandas con-
scientias prædicti populi :

Primum quod populus hujus regni solutus est, & libe-
ratus à sacramento fidelitatis & obedientiæ præfato Hen-
rico Regi præstiro.

Deindè quòd idem populus licitè, & tutâ conscientiâ
potest armari, uniri, & pecunias colligere & contri-
buere ad defensionem & conservationem Religionis Catholicæ, Apostolicæ & Romanæ, adversùs nefaria con-
silia & conatus prædicti Regis, & quorumlibet illi adhæ-
rentium, ex quo fidem publicam violavit in præjudicium
prædictæ Religionis Catholicæ & Edicti sanctæ unionis,
& naturalis libertatis convocationis trium Ordinum hujus
regni.

Quam conclusionem insuper visum est eidem Parisiensi
Facultati transmittendam esse ad sanctissimum D. nostrum

» foit, dit-il, par l'acte qui en fut dreffé, que
» cette réfolution avoit été prife tout d'une
» voix & fans oppofition. Cependant il étoit
» conftant, au contraire, que les anciens Doc-
» teurs, entr'autres le doyen, nommé Jean le
» Fevre, homme de bien, & qui paffoit parmi
» eux pour habile, n'avoient point été de ce
» fentiment ; qu'ils avoient même fort détourné
» les jeunes Docteurs d'une réfolution fi témé-
» raire qui les déshonoroit à jamais ; & avoient
» été d'avis de renvoyer au Pape le jugement
» de toute cette affaire (1).

» Tant d'écrits féditieux, ajoute un peu plus
» loin le même hiftorien, n'étoient que l'ou-
» vrage de quelques particuliers. Mais ce qu'il
» y a d'étonnant, c'eft que, le 5 avril, la Sor-
» bonne entiere, ce Corps le plus célèbre qui foit
» dans la chrétienté, ne craignit pas de fe
» déshonorer à jamais par le décret qui y fut
» fait de rayer le nom du Roi, & les prieres

Papam, ut eam fanctæ Sedis Apoftolicæ autoritate pro-
bare & confirmare, & eadem opera Ecclefiæ Gallicanæ,
graviffimè laboranti, opem & auxilium præftare digne-
tur. (Ibid.)

(1) Hiftoire de Thou, Trad. Franc. Tom. X, p. 512.

» qui se font pour sa personne, du Canon de
» la messe & des collectes, & de substituer
» à la place je ne sais quelles oraisons com-
» posées par les rebelles pour la conservation
» des Princes catholiques. Et parce que quel-
» ques-uns des Docteurs soutenoient qu'un tel
» attentat ne pouvoit passer que pour un vrai
» sacrilége, il leur étoit enjoint, par le même
» décret, de se conformer à ce nouveau régle-
» ment, à peine d'être regardés comme des
» ennemis de l'union, & des excommuniés.
» Enfin, par ce même acte on approuvoit la
» conduite de certains Prêtres, qui même avant
» ce décret avoient omis de prier pour le Roi
» dans la célébration des saints mysteres.

» On examina aussi en même - temps la ques-
» tion ; savoir, si ceux qui depuis la mort du
» Cardinal avoient avec vue & de plein gré
» communiqué avec Henri de Valois, car c'est
» le nom que par mépris on donnoit au Roi
» dans le parti, avoient encouru les censures
» ecclésiastiques, en sorte qu'ils ne pussent être
» absous que par le Pape : & ces bourreaux
» des consciences eurent encore le front de
» conclure pour l'affirmative, sur-tout à l'égard
» des Prélats & des autres personnes ecclésias-
» tiques. Genebrard composa même pour la

» défenfe de ce fentiment, un ouvrage, qui ne
» parut cependant point fous fon nom (1) ».

Le même hiftorien tranfcrit en entier le décret de la Faculté de Théologie contre Henri
IV, prononcé le 10 Février 1590 (2). Après
» une meffe du Saint-Efprit, la Faculté, dans fa
» délibération, pria & exhorta les Doêleurs &
» Bacheliers de fe fouvenir de ce qui faifoit le
» premier de tous leurs devoirs, & de ne pas
» fouffrir qu'il fe trouvât parmi eux des divi-
» fions, & une différence de fentimens qui
» pourroit fcandalifer le peuple, & déshonorer
» leur miniftere. Et parce que l'expérience nous
» apprend, ajoutoit-on, que l'homme ennemi
» travaille fans ceffe à femer l'ivraie parmi le
» bon grain, & que les hérétiques & politi-
» ques fermant les yeux à la vérité, abufant
» de leur raifon pour marcher par le chemin
» de l'erreur, ne pouvant plus fouffrir la faine
» doêtrine, ayant l'efprit gâté & le cœur cor-
» rompu, étant pervertis dans la foi, & ayant
» néanmoins une extrême démangeaifon d'en-
» tendre ce qui les flatte, ont recours à des

------

(1) Ibid. p. 596.

(2) Hiftoire de Thou, Trad. Franc. Tom. XI, p. 506.

» maîtres

» maîtres propres à satisfaire leurs desirs, &
» toujours disposés, selon la menace d'Ezéchiel,
» à faire des oreillers pour les mettre sous tous
» les coudes ; la sacrée Faculté défend à tous ses
» membres d'user à l'avenir dans leurs entre-
» tiens, tant publics que particuliers, d'obscu-
» rité, d'équivoques, de détours ou de flatterie ;
» & leur ordonne, au contraire, de tenir toujours,
» & de publier hautement & ouvertement une
» doctrine capable de contribuer, selon Dieu,
» à l'avancement de la sainte Union ; priant,
» exhortant leurs auditeurs, les reprenant même
» vivement dans le besoin, afin de les engager
» à persévérer constamment dans la foi, & à
» ne se pas laisser séduire par les ennemis de la
» vérité, rejettant conséquemment toute doc-
» trine venant de l'ennemi de notre salut, qui
» ne cherche qu'à entraîner les simples dans
» le piége par le moyen de ses ministres d'i-
» niquité, pour les éloigner de cette simplicité
» dans la foi qui ne se trouve que dans le Sei-
» gneur ; détestant ces maximes empoisonnées,
» les combattant, les réfutant, mettant tout en
» œuvre, jusqu'à exposer leur vie pour les dé-
» truire, comme contraires à l'esprit de l'Eglise.
» De ce nombre, continuoit la Faculté, sont
» les propositions suivantes. On peut, on doit

Défense de Richer. B

» même reconnoître pour Roi Henri de Bour-
» bon ; on peut en conscience tenir son parti,
» & payer les impôts & tributs qu'il exige :
» on peut le reconnoître pour Roi, sous con-
» dition qu'il se fera catholique. Un hérétique
» relaps & excommunié peut avoir droit à la
» couronne de France. Les Papes n'ont pas droit
» d'excommunier nos Rois. Il est permis &
» même nécessaire de traiter avec les Béarnois
» & les hérétiques. La Faculté ordonne à tous
» ses membres de détester de tout leur cœur
» telle & semblable doctrine ; puisqu'il est cer-
» tain que tous les ans le Souverain Pontife, assis
» sur la chaire de Saint-Pierre, excommunie,
» le jour du jeudi saint, tous les fauteurs & pro-
» tecteurs des hérétiques ; nommément ceux qui
» reconnoissent pour Roi Henri de Bourbon ;
» en sorte que dès lors on doit les regarder
» comme étant en état de péché mortel & de
» damnation. Enfin, elle défend de tenir aucun
» discours peu respectueux à l'égard du Saint-
» Siége, ou de M.gr l'illustrissime Légat du Pape,
» de désapprouver les secours étrangers qu'on
» reçoit des Princes catholiques, de rendre
» odieuse la sainte Union, sous prétexte de
» quelques abus, quels qu'ils soient ; (déclarant
» néanmoins que s'il s'y en est introduit quel-

» ques-uns, elle les déplore, les désapprouve
» & les déteste); & de rien dire enfin, quel-
» que véritable qu'il soit, s'il est plus capable
» de nuire à la cause commune, & de scan-
» daliser le peuple que de l'animer à la persé-
» vérance & de le consoler ; déclare les con-
» trevenans ennemis de Dieu, parjures & dé-
» sobéissans à l'Eglise notre sainte Mere, &
» dignes d'être retranchés du corps des fideles,
» comme des membres pourris & gangrenés ».

Ce décret, continue M. de Thou, fut fait,
sauf le jugement du Saint-Siége, & l'avis de Mgr
le Légat, de l'Evêque & des Curés de Paris, qui,
ayant été invités de se trouver à l'Assemblée, s'y
rendirent, approuverent ce qui avoit été décidé,
jurerent sur les saints Evangiles de s'y conformer, & le signerent de leur propre main.
On le publia ensuite dans Paris, & on y joignit des lettres du Pape & du Cardinal Alexandre
de Montalte, en date du 2 Octobre & du 30
Décembre, adressées à tous les Docteurs de
Sorbonne, par lesquelles Sa Sainteté & le Cardinal son neveu faisoient de grands éloges de
leur piété & de leur zele à maintenir dans la
sainte Union tous les Catholiques du Royaume.

Le même décret est rapporté dans le Journal
d'Henri IV. Il y est dit, que les Docteurs qui

le prononcerent étoient, les uns follicités par
le Légat Cajétan, les autres gagnés par l'argent
d'Efpagne (1).

Trois mois après, la Faculté rendit un autre
décret rapporté dans le même ouvrage, page 40.

« Le Vendredi feptième jour de Mai, la
» Sorbonne, après avoir examiné dans deux Af-
» femblées les queftions propofées à la requête
» du Corps-de-Ville, tous fes fuppots affem-
» blés, pour la troifieme fois, dans la grande
» falle du Collège de Sorbonne, donnerent la
» décifion fur les cas fuivans ».

» 1°. Si avenant la mort du Roi très-Chré-
» tien Charles dixieme, (le Cardinal de Bour-
» bon élu Roi par la ligue,) ce qui, à
» Dieu ne plaife, ou au cas qu'il vînt à céder
» fon droit du Royaume à Henri de Bourbon,
» durant fon injufte détention, les François font
» francs, ou peuvent en fûreté de confcience
» recevoir pour Roi ledit Henri, ou autre Prince
» fauteur de l'héréfie, même fuppofé qu'il fût
» abfous des crimes & cenfures qu'il a encou-
» rues, confidéré le péril évident de perfidie &

----

(1) Journal d'Henri IV, par Pierre de l'Etoille, Tom. I,
p. 22.

» la subversion de la Religion & du Royaume »
» 2°. Si celui qui procure ou permet de
» faire la paix avec ledit Henri, on qui le
» permet le pouvant empêcher, peut être ac-
» cusé ou suspect d'hérésie ou fauteur d'icelle ».
» 3°. Si cela est du droit divin, & si on y
» peut manquer sans péché mortel & peine
» de damnation ; & au contraire, si c'est chose
» méritoire de s'opposer par tous moyens au-
» dit Henry ; & au cas qu'on résiste jusqu'à
» la mort, si cela peut être appellé martyre ».

DÉCISION.

» La Sacrée Faculté, après avoir célébré la
» Messe du Saint-Esprit, & après une mûre
» délibération, a déclaré son avis en cette ma-
» niere ».
» Il est, de droit divin, inhibé & défendu aux
» Catholiques, de recevoir pour Roi un héréti-
» que ou fauteur d'hérésie, & ennemi notoire de
» l'Eglise, & plus étroitement encore de rece-
» voir un relaps, & nommément excommunié
» du Saint-Siège ».
» Que s'il échet qu'aucun diffamé de ces qua-
» lités ait obtenu, en jugement extérieur, ab-
» solution de ces crimes & censures, & qu'il

» reste toute-fois un danger évident de fein-
» tise & perfidie, & de la ruine & subversion
» de la Religion catholique ; icelui néanmoins
» doit être exclus du Royaume par le même
» droit. Et quiconque s'efforcera de faire par-
» venir un tel personnage au Royaume, ou lui
» aide & favorise, ou même permet qu'il y
» parvienne le pouvant empêcher, & le de-
» vant selon sa charge, cettui fait injure aux
» sacrés Canons, & le peut-on supçonner d'hé-
» résie, & d'être pernicieux à la Religion & à
» l'Eglise, & pour cette cause on peut &
» on doit agir contre lui sans aucun respect
» de degré ou prééminence ».

Partant puisque Henri de Bourbon est hérétique ou fauteur d'hérésie, notoirement ennemi
de l'Eglise, relaps, nommément excommunié
par notre saint Pere, & qu'il y auroit danger
évident de faintise & perfidie, & ruine de la
Religion catholique, au cas qu'il vînt à impé-
trer extérieurement son absolution ; les François sont tenus & obligés en conscience de
l'empêcher de tout leur pouvoir de parvenir au
gouvernement du Royaume très-chrétien, &
de ne faire aucune paix avec lui nonobstant
ladite absolution, & quand ores tout autre légitime successeur de la Couronne viendroit à dé-

céder ou quitter de son droit ; tous ceux qui le favorisent font injure aux Canons, sont suspects d'hérésie, pernicieux à l'Eglise, & comme tels doivent être soigneusement repris & punis à bon escient.

Or, comme ceux qui donnent aide ou faveur en quelque maniere que ce soit audit Henri prétendant au Royaume, sont déserteurs de la Religion, & demeurent continuellement en péché mortel ; ainsi ceux qui s'opposent à lui par tous moyens à eux possibles, mus du zele de la Religion, méritent grandement devant Dieu & les hommes, & comme on peut à bon droit juger qu'à ceux-là étant opiniâtres à établir le Royaume de Satan, la peine éternelle est préparée, ainsi on peut dire avec raison, que ceux-ci seront récompensés au Ciel du loyer éternel, s'ils persistent jusqu'à la mort, & comme défenseurs de la foi, remporteront la palme du martyre. *Décidé unanimement* en Sorbonne le septieme jour de Mai 1590.

Le Mardi 3 Novembre 1792, a paru une décision de la Sorbonne contre les requêtes présentées à la Ville & au Parlement par les Bourgeois. L'Etoile n'a pas pris la peine de la traduire. Il la rapporte en latin (1).

______

(1) Journal d'Henri IV, tom. I, p. 259.

Quòd petitio , quòd Rex Navarræ interpelletur ut fiat Catholicus , inepta fit, feditiofa, & impia, ex infra fcriptis conftat.

1º. Eft contra jus divinum , civile , & canonicum , contra decreta Sixti V. & Gregorii XIV, & legem fundamentalem regni ; ergo non proponenda.

2º. Eft contra intentionem Clementis VIII, ut videre eft ex libris legationis.

3º. Eft contra primævam intentionem juratæ unionis.

4º. Eft contra jus quæfitum teftis.

5º. Effectus quifquis inde fequi poteft repugnat commodo publico.

6º. Eò notorium eft fore infructuofam, quo notoria eft Henrici relapfi pertinacia.

7º. Repugnat itaque confcientiæ repugnantium.

8º. Turbat gloriam huc ufque virtuofæ patientiæ acquifitam à civitate Lutetiæ coram Deo & hominibus.

9º. Eft argumentum novæ feditionis & divifionis in civitate , & in regno.

10º. Eft facta judici non competenti , nam folus Pontifex de hac poterat decernere.

11º. Et fi facienda fuiffet, non debuiffet fieri, nifi univerfali civium omnium confenfu , qui

(25)

hic non adeſt , nec in ſubſtantia , nec in forma ,
quinimo conſtat de contrario.

12°. Non debuiſſet inſuper fieri niſi de communi totius regni conſenſu , qui non intervenit
huc uſque , quinimo conſtat de contrario.
Ergo non proponenda.

Qui itaque illam proponunt , ut mali cives ,
inconſtantes , perjuri , politici , ſeditioſi , pu-
blici boni perturbatores , hœretici , fautores de
hæreſi ſuſpecti , & excommunicati ſunt , ab
urbe expellendi , ne morbidæ factæ pecudes
totum corrumpant ovile. Cal. Novembris 1592.

Que deviennent, après tant & de tels Décrets,
les injures qu'on vomit contre Richer relativement à ſa Thèſe ? Elle n'exprimoit pas ſon
opinion particuliere. Elle étoit le malheureux fruit de la ſéduction dans laquelle s'étoit
laiſſé entraîner la moitié du Royaume. Son erreur n'eſt pas ſans doute innocente ; mais elle
eſt plus excuſable en pareilles circonſtances qu'en
toute autre. Si les aſſertions de ſa Thèſe lui
avoient été propres , il mériteroit tous les reproches dont on l'accable. Il s'eſt laiſſé aller
à un préjugé commun , à un fanatiſme preſ-
que univerſellement répandu. Il a inſéré dans
ſa Thèſe des poſitions horribles. Oui ſans doute.
Elles étoient alors adoptées par la plus grande

partie du Clergé, par la Cour de Rome, par ce qu'il y avoit de plus diftingué dans toute forte d'états. On doit plaindre un homme qui a vécu dans ce malheureux fiecle. Il a débité les opinions régnantes de fon temps, & non les fiennes.

Peut-on s'affurer d'ailleurs qu'il ait fuivi en cela fon inclination, & que fa volonté n'ait pas été contrainte ? On vient de voir un Décret de la Faculté de Théologie, du 10 Février 1590, qui défendoit à tous Docteurs & Bacheliers de parler avec ambiguité des chofes qui regardoient la fainte union. Il leur étoit ordonné au contraire dans tous leurs difcours, foit publics, foit particuliers, de réchauffer le zele des bons Catholiques, & d'y travailler par leurs exhortations & enfeignemens, même par répréhenfions, s'ils le jugeoient néceffaire, &c. La Thèfe de Richer étoit dreffée fur ce plan. Elle entroit parfaitement dans les vues du décret. Rien n'étoit plus propre à échauffer les efprits. Les pofitions de la Thèfe peuvent avoir été fournies par ceux que Richer avoit pour maîtres, & dont il étoit obligé de fuivre les emportemens.

On fait encore, que tout plioit alors dans Paris fous la faction des Seize. On étoit expofé à leur fureur, non-seulement en combattant la ligue, mais en ne se déclarant pas, ou en se déclarant trop foiblement pour elle.

Par une conclusion du premier Février 1717, la Faculté de Théologie a déclaré, de l'avis unanime de cent vingt-cinq Docteurs :

1°. Qu'elle n'a jamais reconnu pour ses décrets ceux qui ont été publiés sous son nom pendant les regnes d'Henri III & d'Henri IV, au préjudice de la Majesté sacrée de nos Rois, de leur autorité souveraine, de leur sûreté perpétuelle, & de la paix & du salut de l'Etat.

2°. Pour prouver que ces décrets ne renferment point sa doctrine, elle ordonne qu'on fasse un recueil des censures, conclusions & déclarations qu'elle a faites & données en différens temps, concernant l'autorité souveraine des Rois & la conservation inviolable de leur personne & de l'Etat, auquel on joindra le discours que vient de prononcer M. Ravechet son Syndic.

3°. La Faculté atteste qu'elle n'a jamais embrassé, & n'embrassera jamais l'erreur exprimée dans ces décrets, & opposée à la doctrine ; qu'elle regarde au contraire cette erreur comme très-perverse & très-pernicieuse, & qu'elle s'opposera toujours, & très-fortement,

comme elle a fait jufqu'ici, à ceux qui vou-
droient la foutenir ou renouveler de quelque
maniere que ce fût (1).

Que contient ce difcours du Syndic, que la
Faculté adopte, & dont elle ordonne la publication ? Il a deffein de répondre à une lettre
répandue alors. On y reprochoit à la Faculté
les décrets publiés fous fon nom du temps
d'Henri III & Henri IV ; & les erreurs per-
nicieufes qui avoient été avancées par quelques-
uns de fes Bacheliers & de fes Docteurs. Ainfi,
la Thèfe de Richer pouvoit entrer dans ces ac-
cufations. Comment le Syndic les écarte-t-il ?

» M. le Syndic a rappelé à l'Affemblée le
» fouvenir de la fituation déplorable où la France
» fe trouva fous les regnes d'Henri III &
» d'Henri IV, lorfque, par la fureur d'une ligue
» impie d'hommes déterminés à toutes fortes de
» crimes, le glaive menaçoit la tête des meil-
» leurs Rois, & des bons citoyens ; que la
» prifon, les outrages, la ruine de la fortune,
» la mort même étoient inévitables à ceux qui
» dans les délibérations ne prenoient pas le

____

(1) Collectio Judiciorum de novis erroribus, Tom. II,
part. I, page 484.

» parti de la rébellion ; que les potences étoient
» élevées dans la cour même du Palais pour
» les Conseillers , les Présidens à Mortier & les
» premiers Présidens ; & qu'enfin tout se fai-
» soit au gré d'un conseil de seize furieux dé-
» voués à toutes les volontés de Philippe II,
» Roi d'Espagne , & autorisés auprès de la po-
» pulace révoltée , & transportée d'un faux zele
» de Religion , par des Bulles de la Cour de
» Rome & des troupes étrangeres , que l'im-
» portunité avoient obtenues des Souverains Pon-
» tifes, & par la présence d'un Légat & d'un Vice
» Légat qui étoient à la tête des affaires , & qui
» en décidoient souverainement : que le peuple
» séduit , & susceptible de toutes sortes d'im-
» pressions , ne connoissoit point d'autre piété,
» ni d'autre preuve de catholicité , que de faire
» main-basse sur tous ceux qui demeureroient
» fideles aux Rois ; que les Auteurs de la ré-
» volte , inquiets & ne gardant aucune mesure,
» faisoient ce que saint Athanase , dans sa lettre
» à Lucifer de Cagliari, écrivoit autrefois des
» Ariens également furieux , &c.

« Qu'au milieu des troubles de cette guerre
» civile , où les loix & l'équité n'étoient plus
» écoutées, les gens de bien , & surtout les
» la liberté nécessaire & requise pour des déli-
» bérations régulieres , &c.

» Théologiens qui se voyoient sans défense,
» avoient cherché des retraites pour se mettre
» à couvert de la tempête ; qu'ils s'étoient ré-
» fugiés dans le désert pour y vivre selon la
» loi & la justice, & s'étoient abstenus des
» assemblées, & de paroître en public, afin
» de se conserver pour de meilleurs temps ; que
» par cette retraite, les Docteurs, en petit
» nombre, qui s'étoient livrés à cette faction
» qui avoit pris naissance loin de nos écoles,
» devenus plus hardis, avoient introduit des
» maximes nouvelles & étrangeres, les avoient
» annoncées dans les chaires comme dogmes
» certains, & les avoient inspirées à nos can-
» didats, & qu'on avoit mis ensuite tout en
» usage pour abolir l'ancienne doctrine, en en-
» gageant tous ceux qu'on avoit pu gagner à
» entrer dans le complot, les uns par la crainte,
» les autres par l'espérance des récompenses,
» & quelques-uns par le prétexte de défendre
» l'Eglise : de sorte qu'il n'étoit plus permis
» à ceux qui pensoient autrement de demeurer
» dans la ville, sans s'exposer à perdre leurs
» biens ou leur vie ; bien loin qu'il leur fût
» permis d'opiner dans les Assemblées avec
» la liberté nécessaire & requise pour des déli-
» bérations régulieres, &c.

(31)

» M. le Syndic a ajouté, qu'il n'y a per-
» sonne, pourvu qu'il soit instruit de notre hif-
» toire, qui ignore que tel n'ait été l'état de
» la France pendant tout le temps de cette
» confédération détestable, à laquelle on donnoit
» le nom de ligue fainte, qu'on avoit par-tout
» employé la violence contre les bons citoyens ;
» qu'on avoit surpris par des artifices fembla-
» bles ceux qui héfitoient entre la révolte & leur
» devoir ; que les Théologiens, les Curés, les
» Evêques qui réfufoient d'exciter le peuple à
» la fédition, & de le faire entrer dans la ligue,
» avoient toujours été expofés aux dernieres
» extrêmités, & que les autres avoient été tran-
» quilles & récompenfés à proportion qu'ils s'é-
» toient livrés davantage aux rebelles, & qu'ils
» avoient paru plus propres à fomenter les trou-
» bles ; & que la haine & l'animofité de ceux-
» ci avoient été d'autant plus violentes, que leur
» injuftice étoit couverte du prétexte de Re-
» ligion, &c. »

Le Syndic infifte donc principalement fur le
défaut de liberté qui régnoit alors, & fur la violence faite aux citoyens les plus éclairés & les
plus paifibles.

M. d'Argentré, Evêque de Tulles, fait va-

loir le même moyen (1). Il expose la situation
violente où étoit alors réduite la ville de Paris
par la faction des Seize, l'emprisonnement du
Parlement par Buffi le Clerc, l'élection du Cardinal de Bourbon pour Roi, sous le nom de
Charles X, & l'état violent où étoit la Faculté
de Théologie, & l'Université entiere. Il atteste
au surplus que dans les regiftres de la Faculté
de Théologie, il ne subfifte pas le plus léger
veftige des décrets contre Henri III & Henri IV.

On eft indigné, & avec raifon, d'entendre Richer faire l'éloge de Jacques Clément, coupable
de régicide. Mais quand il n'y auroit pas été
forcé, il se feroit laiffé entraîner par le torrent.

» Les Prédicateurs du parti poufferent l'in-
» folence jufqu'à comparer Clément à Judith,
» Henri III à Holopherne, & la délivrance de
» Paris à celle de Béthulie. On imprima plufieurs
» libelles, où l'affaffin étoit loué comme un
» faint martyr. On vit l'effigie de ce fcélérat
» expofée fur les autels à la vénération publi-
» que. Il y eut même des ligueurs affez effron-
» tés, pour propofer de lui ériger une ftatue
» dans Notre-Dame, & d'en ôter, comme des

---

(1) Collectio Iudiciorum de novis erroribus. Tom. II,
part. 1, p. 482.

» tableaux

» tableaux profanes, ceux où il fe trouve des
» portraits de nos Rois. Enfin, lorfque l'armée
» royale fut délogée de Saint-Cloud, il y eut
» de ces fanatiques qui, s'étant tranfportés au
» lieu où cet affaffin avoit été mis à mort,
» firent des trous dans la terre qui avoit été
» abreuvée de fon fang, & qui en étoit encore
» toute teinte; ne pouvant emporter de fes re-
» liques, parce que les flammes avoient réduit en
» cendre fon cadavre, ils chargerent de terre
» le bateau qui les avoit amenés, dans le def-
» fein d'en ériger dans Paris un trophée, afin
» que le peuple y allât invoquer ce nouveau
» Saint; mais il s'éleva un vent fi furieux, que
» le bateau, qui étoit trop chargé, coula à
» fond avec les reliques & les pélerins, fans
» que depuis il en reparût un feul.
» Après tout, continue l'hiftorien, ces fo-
» lies pouvoient peut-être fouffrir quelqu'excufe
» dans des gens qui paffoient, en un moment,
» d'une confternation extrême à une joie
» qu'ils n'auroient jamais ofé fe promettre;
» mais à l'égard du Pape, qui, placé loin de
» nous, pouvoit juger de ce qui fe paffoit en
» France, équitablement, fans prévention, fans
» partialité, on ne comprend pas qu'il ait pu
» parler du Roi & de Clément fon affaffin

Défenfe de Richer.   C

» dans des termes auſſi peu meſurés & auſſi
» indignes du pere commun de tous les fideles,
» que ceux qui ſe liſent dans un écrit que les
» ligueurs publierent peu de temps après à Pa-
» ris. Auſſi-tôt que la nouvelle de la mort du Roi
» fut arrivée à Rome, le Pape tint un Conſiſ-
» toire le 11 de Septembre, & y fit un diſ-
» cours préparé, où il parla de l'action de Clé-
» ment comme d'une entrepriſe ſi ſurprenante
» & ſi admirable, qu'il ne craignit point de la com-
» parer à l'ouvrage de l'Incarnation du Verbe,
» & au myſtere de la Réſurrection du Sauveur,
» célébré par le Prophete Habacuc. Il exalta
» enſuite le courage, la conſtance & le zele de
» ce parricide, qu'il mit fort au-deſſus de Ju-
» dith & d'Eléazar, & il conclut, qu'un pro-
» jet ſi glorieux n'avoit pu être exécuté que par
» une conduite admirable de Dieu, & par un
» ſecours particulier de ſa providence; que lui-
» même n'auroit pu le croire, s'il n'avoit ſou-
» mis ſa foi à la volonté toute-puiſſante du Sei-
» gneur, qui, en ſauvant la ville de Paris
» par un moyen qu'on n'auroit jamais ima-
» giné, puniſſoit en même-temps les crimes
» énormes du Roi de France, & le faiſoit
» périr d'une maniere ſi funeſte; qu'au reſte
» il avoit prévu, & avoit même prédit aux

» Cardinaux de Joyeufe, de Lenoncourt, de
» Gondi, & au Marquis de Pifani, Ambaffa-
» deur de France, que ce Prince, étant le der-
» nier des Valois, auroit une fin extraordinaire
» & honteufe ; qu'il le jugeoit par conféquent
» indigne des devoirs que l'on a coutume de
» rendre aux Souverains dans ces occafions,
» parce que l'Ecriture défend de prier pour
» celui qui meurt dans un péché qui va à la
» mort, c'eft-à-dire, qui eft commis contre le
» Saint-Efprit, tel qu'étoit le péché du Roi. Il
» étoit fans doute de l'intérêt de Sixte V & du
» Saint-Siége de fupprimer un pareil écrit, plu-
» tôt que de le publier. On y répondit par un
» livre latin, dont le titre eft *Anti-Sixtus* ou
» l'*Anti-Sixte*, & par un difcours françois, inti-
» tulé *le fulminant* ou *le foudroyant*. Cette der-
» niere piece eft plus piquante que l'autre ;
» mais elle eft digne du difcours qu'elle réfute.
» L'auteur s'applique à juftifier le Roi des cri-
» mes dont Sixte l'avoit accufé, & releve dans
» le difcours du Pape beaucoup d'abfurdités &
» d'impiétés. Enfin il reproche à ce vieillard
» étourdi & orgueilleux d'avoir excité en France
» la plus funefte de toutes les tragédies, en
» lançant mal-à-propos contre un Prince inno-
» cent le foudre de l'excommunication, & d'in-

» fulter encore avec une extrême impiété à ce
» Monarque infortuné, comme on voit le lievre
» de la fable prendre le moment de la mort du
» lion pour aller lui arracher le poil ».

De tout cela fortent en faveur de Richer
deux excufes : 1°. Tout alors étoit à Paris
dans une telle confufion, tous les efprits
étoient tellement fubjugués par la violence,
qu'il feroit très-poffible qu'il eût été contraint à foutenir fa thefe, & qu'il y eût inféré,
malgré lui, les pofitions dont on eft choqué.
2°. En fuppofant qu'il ait agi librement, il aura
fuivi une opinion très-accréditée, foutenue par
la Cour de Rome, par une grande partie du
Clergé, par la moitié du Royaume.

Je vais plus loin. J'oublie tous ces juftes motifs d'indulgence. J'accorde, pour un moment,
que l'erreur de Richer lui a été propre & perfonnelle. Je foutiens qu'avec un peu de probité
& de confcience on ne fe feroit pas permis
de parler de fa faute, fans annoncer en même-
temps fa réparation, & la converfion prompte
& fincere du coupable.

On auroit dit que cette erreur de l'efprit ne
fut pas longue, & que Richer revint bien-

____

(1) Hiftoire de Thou, Trad. Franc. Tom. X, p. 672.

tôt aux véritables maximes. Mais la bonne-foi n'est pas ce qui brille dans la brochure.

« Dieu, continue Baillet, ne permit pas que
» Richer demeurât long-temps dans son aveu-
» glement. Personne ne put l'empêcher de faire
» connoître dans ses dernieres theses combien
» il étoit opposé à ceux qui parloient de faire
» venir l'Infante d'Espagne en France, pour la
» mettre sur le trône, au préjudice du Roi de
» Navarre. Il fit valoir dans la dispute le droit
» de la Couronne avec une liberté qui pensa lui
» être funeste. Il fit voir combien il est plus
» avantageux à un Etat d'avoir des Rois par
» succession héréditaire que par élection, & de
» quelle importance il est pour la monarchie
» que les femmes soient exclues du gouver-
» nement. La crainte d'être refusé au doctorat
» l'empêcha alors d'aller plus loin ; mais il n'eut
» pas plutôt reçu le bonnet, qu'il se porta ou-
» vertement pour Henri IV, & travailla puis-
» samment dans la Faculté à ramener les es-
» prits & à les faire rentrer peu-à-peu dans leur
» devoir. Il se servit si utilement du crédit que
» lui donnoient les charges & les emplois par
» où on le faisoit passer dans l'Université &
» la maison de Sorbonne, qu'il se rendit bien-
» tôt redoutable aux ligueurs, & à ceux qui

» cherchoient à profiter des désordres publics
» & du relâchement de la discipline. Il porta
» le même sentiment & le même esprit dans
» la prédication de la parole de Dieu, à la-
» quelle il s'appliqua très-sérieusement depuis
» qu'il fut Docteur, &c.

La conversion du Roi Henri IV, qui se fit catholique l'an 1593, continue Ballet, n. 4, rendit encore Richer plus hardi qu'auparavant à prêcher la soumission & la fidélité que lui doivent ses sujets. Non content d'agir sur l'esprit des peuples par la prédication, il se joignit encore à René Benoît, & à ceux des autres Docteurs qu'il estimoit les mieux intentionnés pour la paix de l'Eglise & le repos du Royaume. Ils firent si bien, par leurs exhortations & leur crédit, que toute l'Université se trouva enfin disposée à reconnoître le Roi, lorsqu'après s'être fait sacrer à Chartres, il entra dans Paris le 22 Mars de l'année suivante.

Ils ne travaillerent pas moins heureusement auprès des Religieux, sur-tout des Mendians qui sont du corps de l'Université en la Faculté de Théologie, & des Moines qui ont des Collèges dans l'Université ; de sorte qu'après les délibérations d'une assemblée célèbre, tenue aux Mathurins le 18 d'Avril, sous le Recteur Jacques d'Amboife, tous les membres de l'Univerfité prêterent ferment au Roi, & dreſſerent un acte public de leur foumiſſion, qu'ils foufcrivirent le 22 du même mois.

On lit, dans la vie de Richer, n. 14, qu'in-
» continent après le fupplice du parricide Ra-
» vaillac, le Parlement ordonna, le 27 de Mai,
» que la Sorbonne s'aſſembleroit pour délibé-
» rer ſur le renouvellement de ſon ancien dé-
» cret contre ceux qui enſeignent qu'on peut
» licitement tuer les tyrans. Le ſyndic Richer,
» pour feconder les bonnes intentions des Ma-
» giſtrats, repréſenta à la Faculté, qu'après Dieu
» le ſalut des peuples dépendoit de la perſonne
» du Prince; que l'année précédente, un Jé-
» ſuite, nommé Sébaſtien Heiſſius, avoit pu-
» blié une apologie pour la Compagnie, où il
» montroit que les Jéſuites ſe font les direc-
» teurs de ceux qui cherchent à remuer, &
» qui veulent troubler un Etat; & qu'il appar-
» tient autant à ces Peres de ſe mêler de
» dépoſer les Souverains, que de donner des
» remèdes contre la peſte; que les deux gran-
» des maximes des Jéſuites, qui enſeignent
» 1° que le Pape ſeul eſt infaillible, 2° qu'il
» peut dépoſer les Rois qui refuſent de lui
» obéir, étant conférées avec les réponſes que

» Ravaillac avoit faites devant les Juges, fai-
» foient affez connoître que le peuple igno-
» rant concluoit de ces deux propofitions,
» qu'il étoit permis, & qu'il y avoit même
» du mérite à entreprendre fur la vie des Rois;
» que c'étoit ainfi que Ravaillac fe l'étoit per-
» fuadé : puifqu'étant affis fur la fellette, il
» avoit foutenu devant les Juges, que c'eft la
» même chofe de réfifter à Dieu qu'au Pape;
» qu'il avoit réfolu de tuer le Roi, parce qu'il
» armoit, contre la volonté du Pape, pour des
» Princes Proteftans, & qu'il ne faifoit pas la
» guerre aux Huguenots de fon royaume;
» comme il y étoit obligé; que comme les
» gens de bien fe plaignoient de cette doc-
» trine des Jéfuites, le Pere Jean Gontery,
» l'un des plus célebres prédicateurs de leur
» Compagnie, avoit pris de-là occafion pour
» faire d'aigres invectives dans fes fermons
» contre ceux qu'on appeloit bons François
» & que par mépris il appeloit *Catholiques*
» *Royaux*, voulant perfuader par-là, que c'étoit
» une nouvelle fecte qui s'élevoit dans l'Eglife;
» que c'étoit auffi ce que venoit de faire en Flan-
» dres un autre Jéfuite, nommé Heribert de
» Rosweide, dans le livre qu'il avoit imprimé

» nouvellement *de la foi que l'on doit garder*
» *aux hérétiques* ».

« La Faculté de Théologie s'étant affemblée,
» à la réquifition du fyndic, pour arrêter le
» cours d'une doctrine fi pernicieufe, renou-
» vela, le 4 de Juin, le décret qu'elle avoit
» donné autrefois contre Jean Petit dit *Parvi.*
» Mais il n'y eut point de brigues, point d'ar-
» tifices que les partifans de la Cour de Rome
» n'employaffent pour détourner ce coup. Le
» Nonce Ubaldin, n'ayant pû empêcher que la
» Faculté ne s'affemblât, voulut au moins faire
» en forte que ce décret ne fût point publié
» dans les Paroiffes. Il en vint à bout avec
» le fecours de Henri de Gondy, évêque de
» Paris, de Roze, évêque de Clermont, de
» Charles Mirons, évêque d'Angers, & de
» quelques autres Prélats, c'eft-à-dire, de ceux
» mêmes qui, par le devoir de leurs charges,
» étoient obligés de faire tout le contraire.

« Richer, qui, dans fa remontrance, n'avoit
» été que l'organe du Parlement, ne put em-
» pêcher que toute l'envie & le blâme de cette
» affaire ne retombaffent fur lui : & peu s'en
» fallut que les Jéfuites, qui avoient agi de
» concert avec le Nonce pour la faire échouer,

» ne le facrifiaſſent à leur reſſentiment.

Il ne ſe contenta pas d'avoir provoqué, comme ſyndic, le renouvellement de la cenſure ; ce fut lui encore qui, en la remettant aux gens du Roi, les engagea à s'élever contre les livres de Mariana & autres Jéſuites. C'eſt M. de Thou qui nous apprend cette anecdote.

« Richer, en qualité de ſyndic, apporta au
» Parlement le décret de Sorbonne, qu'il eut
» ordre de remettre aux gens du Roi. Ce Doc-
» teur inſinua en même-temps que l'on faiſ-
» ſoit lire au public des ouvrages de Jean
» Mariana, de Clarus Bonarſcius, ou plutôt
» de Charles Scribanius, & d'Emmanuel Sa, Jé-
» ſuites, ouvrages pleins de cette doctrine im-
» pie, dont le meurtre & le poiſon étoient
» les fruits odieux. Il inſiſta principalement
» ſur le livre de Mariana, intitulé *de Rege &*
» *Regis inſtitutione*, dans lequel ce Théolo-
» gien loue beaucoup l'aſſaſſin de Henri III,
» & déprime l'autorité du décret approuvé par
» le Concile de Conſtance, comme ne l'ayant
» pas été par le Pape. Les gens du Roi, in-
» dignés de la ſcélérateſſe de cet écrivain, dé-
» manderent, en requérant, que le décret de la
» Sorbonne fût enregiſtré, que l'on condam-

» nât l'ouvrage de cet Espagnol à être brûlé
» par la main du bourreau ». (1)

Richer eut encore une autre occasion de signa-
ler son zele contre le livre de Mariana, &
sa doctrine approbative du massacre des tyrans.

Dans l'Assemblée de la Faculté, du 1er Février
1611 , il a rapporté qu'un Jésuite avoit fait
imprimer depuis peu une apologie, où se trouvoit cette proposition : *Il seroit à souhaiter que
Ravaillac eût lu Mariana ; car disertement &
expressément Mariana enseigne qu'un Prince légitime ne peut être tué par un particulier, de
son autorité privée, ne disant en cela que ce qui
est au Concile de Constance, & aux décrets de
Sorbonne.*

Par l'ambiguïté de ces paroles, dit Richer,
l'auteur s'efforce de persuader que Mariana
est aucunement d'accord avec les décrets que
l'école de Paris a faits contre les parricides qui
attentent aux personnes sacrées des Rois &
des Princes ; d'autant que quelques Docteurs,
sans avoir eu l'avis de ladite Faculté, & contre la coutume usitée en icelle, au commencement de ladite apologie, certifient qu'ils n'y

____

(1) Histoire de Thou , Trad. franc. Tom. XV, p. 3.

ont rien trouvé qui ne foit très-conforme à la doctrine de la Faculté de Paris : fans doute les François & étrangers, qui liront ladite apologie, eftimeront que l'école de Paris rejette le Concile de Conftance, ainfi que fait Mariana ; & conféquemment qu'il foit loifible aux perfonnes particulieres, & de leur autorité privée, fous prétexte de tyrannie, d'attenter aux perfonnes facrées des Rois & des Princes ; c'eft pourquoi ledit fyndic a fupplié ladite Faculté de pourvoir à ce que fon décret de l'année précédente, fait conformément à la conftitution du Concile de Conftance pour la fûreté & confervation de la vie des Rois & des Princes, ne demeure anéanti par un tel dire & atteftation. Eft-ce-là le langage d'un homme difpofé à louer Jacques Clément ?

Sur ce réquifitoire de Richer, la Faculté, après avoir examiné la décifion du Concile de Conftance, & fon décret du 4 Juin 1610, a jugé que l'auteur avoit avancé avec trop peu de confidération la propofition ci - deffus. Elle a déclaré que Mariana ne s'accordoit nullement ni avec le Concile de Conftance, ni avec les conclufions de la Faculté. Elle n'entend pas cependant cenfurer ladite apologie. Elle veut feulement faire entendre fon fentiment & fa doctrine, tant fur le Concile de Conſtance que Mariana rejette, que fur ſes propres décrets. Elle défend aux Docteurs d'atteſter à l'avenir publiquement que la doctrine d'un livre eſt conforme à celle de la Faculté, ſans avoir auparavant obtenu ſa permiſſion à cet égard (1).

Les quatre approbateurs de l'apologie étoient Forgemont, Fortier, Raoul de Gazil, & le fameux André Duval, le grand ennemi de Richer. Ils demanderent au Conſeil du Roi à être reçus oppoſans à cette concluſion. Pour faire droit ſur cette oppoſition, enſemble ſur la réparation qu'ils entendoient pourſuivre contre Richer, pour raiſon d'un libelle qu'il débitoit contr'eux, ils concluoient à ce qu'on leur donnât pour Juges, des Evêques ou autres Prélats du royaume, ou tels autres Juges qu'il plairoit au Roi. En attendant ils demandoient qu'il fût fait défenſes à la Faculté de paſſer outre à la confirmation de ladite cenſure.

Cette requête fût ainſi répondue : La préſente requête renvoyée au ſieur Evêque de Paris, pour, appelés avec lui nombre d'autres tels Evêques

____

(1) Collectio judiciorum de novis erroribus, Tom. II, part. 2, p. 37 & ſeq.

qu'il verra bon être, faire droit fur icelle, ainfi qu'il appartiendra par raifon, & cependant Sa Majefté fait défenfe à ladite Faculté de paffer outre à ladite affemblée, jufqu'à ce que, les parties ouies, autrement en ait été ordonné.

La Faculté étant affemblée le 1ᵉʳ Mars, l'Abbé de la Ferté, aumônier de la Reine, vint lui ordonner de fa part, & notamment au fyndic, d'empêcher qu'on ne relût la conclufion du 1ᵉʳ Février, avant de lui avoir envoyé des députés. La Faculté nomma deux Docteurs pour aller faluer la Reine, avec le fyndic.

L'Affemblée tenoit encore qu'il vînt un huiffier pour fignifier un arrêt du Confeil. Il y étoit dit que la conclufion du premier Février avoit été faite contre les regles & l'ufage de la Faculté, qui avoit même excédé fon pouvoir; que le fyndic l'avoit extorquée par violence, cabale & tumulte; & que cette conclufion étoit une efpece de libelle qu'il repandoit dans Paris contre les quatre Docteurs. Tous les Docteurs préfens s'écrierent que les chofes ne s'étoient pas ainfi paffées, & que cet énoncé de la requête étoit faux & injurieux à toute la Faculté, & en particulier à M. le fyndic, lequel demanda acte de ce murmure & du témoignage que rendit l'affemblée.

Dans l'affemblée de la Faculté, du cinq Avril, Richer rendit compte de la députation faite à la Reine. Il lui dit qu'il ne favoit pas fi elle étoit informée de ce dont il s'agiffoit ; que la queftion étoit de favoir fi la doctrine de Jean Mariana s'accordoit en quelque chofe avec le Concile de Conftance & avec les décrets de la Sorbonne ; que la plupart difoient qu'oui ; que la Faculté de Paris foutenoit que non : car l'Univerfité de Paris, conformément au Concile de Conftance, enfeignoit abfolument qu'il n'étoit permis à aucun particulier, fous quelque prétexte que ce fût, de tuer, de fa propre autorité, les Princes : qu'au contraire, Mariana affuroit, formellement & expreffément, que des particuliers pouvoient en confcience les tuer, fous prétexte de tyrannie, dans trois cas : Premiérement, quand on ne pouvoit pas avoir d'affemblées publiques. Secondement, quand on ne pouvoit pas obtenir une fentence du Supérieur, pour déclarer ou opprimer le tyran. Troifiémement, quand on voyoit vifiblement que c'étoit-là le defir ou l'intention préfumée du peuple : que c'étoit, parce que fon opinion ne s'accordoit pas avec le Concile de Conftance, que Mariana le rejettoit : qu'au refte la Faculté ne cherchoit uniquement en ceci

que la gloire de Dieu, & la sûreté des Rois
& des Princes Chrétiens, &c.

La suite de l'affaire est indifférente. Tel est
l'homme qu'on prétend avoir été toute sa vie
l'apologiste du meurtre des tyrans. On citeroit
aisément en sa faveur beaucoup d'autres faits
semblables.

Jamais il n'y eut une conversion plus sincere & plus éclatante que celle de Richer.
Toutes ses actions, toutes les démarches qu'il
a faites en qualité de syndic, tous les livres qu'il
a composés, ont été autant de désaveux de la
these qu'il avoit eu le malheur de soutenir ;
autant de professions solemnelles de la doctrine
opposée. Ne faut-il pas, après cela, avoir une
malice diabolique pour tirer cette these de
l'oubli où elle étoit ensevelie ? Elle a été soutenue il y a deux cents ans. L'erreur, qu'elle
renferme, étoit moins celle de Richer que
celle de son siecle, celle de la moitié du
royaume. Tout ce qui s'est passé dans ces temps
de trouble & de désordre a été effacé par
des amnisties solemnelles ; & en 1790, on fait
reparoître cette malheureuse these ! On ose dire,
dans la brochure, p. 7, que Richer eu la scélératesse de soutenir une doctrine si exécrable.
La scélératesse n'a jamais été dans le cœur de

Richer.

Richer. Je crains que tout le monde ne la trouve dans celui de son détracteur.

Je passe à la condamnation de son livre & à sa déposition du syndicat. Il est difficile de séparer ces deux choses, parce qu'elles ont été réunies dans les intrigues & les manœuvres de tout genre employées contre Richer.

« Dès que le livre de Richer (de la Puis-
» sance ecclésiastique & politique) parut, dit
» la brochure p. 11, on le regarda comme
» une production infiniment dangereuse, qui
» tendoit visiblement à renverser la jurisdiction
» du Pape, des Evêques, & le gouvernement
» présent de l'Eglise. Aussi cet ouvrage, dès
» sa naissance, fut accablé d'anathêmes à Rome
» & en France. Il fut condamné par le Con-
» cile de la province de Sens assemblé à Paris
» le neuf Mars 1612 , sous la présidence du Car-
» dinal du Perron.

« L'Evêque de Paris fit , le 16 Mars , un
» Mandement pour ordonner la publication du
» décret du Concile de Sens aux prônes des
» Messes Paroissiales.

« Le livre de Richer fut également pros-
» crit le 24 Mai de la même année par le Con-
» cile d'Aix, composé de l'Archevêque d'Aix,
» des Evêques de Riez, Fréjus & Sisteron.

» Le Saint - Siége foudroya également le
» livre de Richer.

« La Faculté de Théologie de Paris se dif-
» posoit auffi à le cenfurer : mais le Parlement,
» par fes Arrêts, mit obftacle à cette condam-
» nation.

Quand on connoît le crédit & le caractere des
ennemis de Richer, & la forme des cenfures,
cette condamnation ne fait plus aucune impreffion. Il avoit mérité la haine des Jéfuites, du
Nonce du Pape, du Cardinal du Perron, & de
beaucoup d'Evêques de France, qui étoient alors
prefque tous imbus des maximes ultramontaines,
qui foupçonnoient d'héréfie ceux qui n'étoient
pas fervilement dévoués à la cour de Rome.

Maffé Barberin, Nonce en France, avoit
cherché dans la Faculté de Paris des Théologiens qui vouluffent écrire en faveur du Pape,
dans la querelle qu'il avoit alors avec la République de Vénife. Il employoit pour cela le
Docteur André Duval. C'étoit, dit Baillet, un
homme élevé dans les préjugés de la fcholafti-
que moderne, & entiérement dévoué à la Cour
de Rome. Quoique peu verfé dans l'étude des
Peres & de l'antiquité eccléfiaftique, il avoit été
choifi pour remplir une des deux chaires de
Théologie pofitive, fondées par Henri IV en

1558. Duval donna avis au Nonce d'une nouvelle édition des Œuvres de Gerson, faite à
l'inftigation de Richer. Le Nonce, effrayé de
cette nouvelle, obtint du Chancelier Brulart
de Sillery, que cette édition ne feroit pas mife
en vente pendant toute l'année 1606.

La fignification de cette defenfe aux libraires
affligea fort Richer. Il regarda cette entreprife
du Nonce comme une premiere démarche
tendante à corrompre l'ancienne doctrine du
royaume, touchant l'autorité de l'Eglife & du
Concile fur le Pape. Il entreprit alors l'apologie
de Gerfon contre le Cardinal Bellarmin. On
fut qu'il y travailloit. Il n'en fallut pas davantage
pour attirer fur lui l'averfion des Jéfuites & du
Nonce.

Une fecond fource de haine contre Richer
fut la part qu'il avoit eue au décret du 4 Juin
1610, portant renouvellement de l'ancienne
cenfure de la Faculté contre les meurtriers des
tyrans.

Au mois d'Août 1610, l'Univerfité s'oppofa
à l'enregiftrement des lettres obtenues par les
Jéfuites, qui leur permettoient d'ouvrir des
leçons publiques dans leur Collége de Paris.
« Le mauvais fuccès de cette feconde tentative,

» *dit Baillet*, les irrita tellement, qu'ils ne
» garderent plus de mesure avec Richer, qu'ils
» en croyoient l'auteur ; mais ce qu'ils purent
» faire pour-lors, fut de le décrier par-tout, de
» le déclarer hérétique, & de faire courir le
» bruit qu'il avoit été excité par les Huguenots
» pour empêcher les Jésuites d'enseigner à Paris,
» & de rendre par-là les services dont ils
» étoient capables, inutiles à la Religion catho-
» lique.

» Jamais, continue-t-il au commencement
» du livre 2, la Cour de Rome n'avoit moins
» trouvé son compte dans la Faculté de Théo-
» logie de Paris, que depuis que Richer en
» étoit syndic. Sa vigilance à ne rien laisser
» glisser dans les Thèses qui fût contraire à
» l'ancienne doctrine de l'Eglise, & sa fermeté
» à faire retracter ceux à qui il échappoit quel-
» que chose qui n'y étoit pas conforme, dé-
» concertoient toutes les mesures de ceux qui
» cherchoient à y faire reconnoître la puissance
» ecclésiastique absolue du Pape. Mais au mois
» de Mai de l'an 1611, l'assemblée du chapitre
» général des Jacobins, où l'on devoit soutenir
» des Thèses durant plusieurs jours, & où le
» Syndic de la Faculté n'avoit pas la même auto-
» rité qu'en Sorbonne, fournit enfin aux créa-

» tures du Pape l'occasion qu'ils cherchoient de » débiter publiquement leurs maximes ».

On devoit soutenir dans ces Thèses l'infailli- bilité du Pape, & sa supériorité sur le Concile. Richer étoit monté aux écoutes, pour être té- moin de ce qui se passeroit. Il avoit d'abord résolu de s'opposer, comme Syndic de la Faculté de Théologie, à ce qu'on disputât sur la propo- sition de la Thèse.

Les gens du Roi avoient aussi défendu verba- lement au Prieur de la maison des Jacobins de permettre cette dispute.

Richer crut ensuite qu'il seroit plus utile de faire attaquer publiquement cette position, & que les gens du Roi ne le trouveroient pas mauvais. Un Bachelier de Sorbonne s'éleva fortement contre la position. Il la soutint hérétique, comme contraire à la décision du Concile Œcuménique de Constance. Cette argumentation déplut au Cardinal du Perron, au Nonce du Pape, & aux Evêques présens. Ils auroient mieux aimé qu'on gardât le silence sur cette matiere. Le Cardinal dit tout haut que la question de la supériorité du Concile sur le Pape étoit problématique, à cause des difficultés que les Ultramontains oppo- soient au concile de Constance. Tel étoit le zèle de ce Prélat pour nos maximes.

Sur le rapport des Magiftrats qui avoient affifté à la Thèfe, le Parlement en fit avertir le Chancelier de Sillery, qui renvoya l'affaire au Premier Préfident de Verdun. « Le Magiftrat
» manda Richer, le loua hautement, comme
» un homme qui venoit de rendre un fervice
» confidérable au Roi, à l'Etat, & aux libertés
» de l'Eglife Gallicane ; lui promit de feconder
» par-tout fes bonnes intentions ; l'affura que la
» Cour fauroit reconnoître fon mérite, & lui
» dit que M. le Chancelier, & M. de Villeroi
» fouhaiteroient voir le procès-verbal de ce qui
» s'étoit paffé aux Jacobins.

» Le Magiftrat ayant reçu le procès-verbal,
» témoigna vouloir s'inftruire à fonds fur des
» matieres fi importantes à l'Eglife & à l'Etat,
» dont la connoiffance étoit néceffaire au chef
» du Parlement. Il pria Richer, avec beaucoup
» d'inftance, de lui donner un petit abrégé de
» la doctrine ancienne de l'Univerfité fur ce
» fujet.

» Richer répondit que ce n'étoit ni le defir
» de la gloire, ou des faveurs de la fortune,
» ni les follicitations d'aucun homme, mais
» la vue des obligations de fa charge de Syn-
» dic, & la connoiffance de la vérité, qui lui
» impofoient la néceffité d'agir pour la défenfe

» de l'Eglife & de l'Univerfité ; que depuis qu'il
» étoit Syndic, il avoit fouvent empêché que
» toutes les propofitions qui tendoient au fchifme,
» & qui alloient à établir la doctrine de dépo-
» fer & de tuer les Rois, ne fuffent agitées
» dans la Faculté, où l'Auditeur du Nonce avoit
» taché de les introduire par toutes fortes d'in-
» trigues.

» Pour ce qui le regardoit , il prévoyoit que
» ce qu'il venoit de faire pour la défenfe de la
» vérité , & pour le bien du Roi & du Royaume,
» attireroit fur lui la mauvaife humeur du
» Nonce & des Eccléfiaftiques partifans de la
» Cour de Rome, qui abufoient de la minorité
» du Roi & des calamités de l'Etat , pour femer
» ces nouveautés & divifer les efprits par des
» factions : mais fe trouvant , par la grace de
» Dieu , également détaché de la crainte & de
» l'efpérance pour toutes les chofes de la terre ,
» nulle confidération ne lui feroit oublier fes
» devoirs, & il étoit réfolu de tout fouffrir pour la
» vérité catholique , pour le gouvernement jufte
» & légitime de l'Eglife , & pour l'ancienne
» doctrine de Sorbonne.

» Le premier Préfident affura Richer qu'il
» n'y avoit rien à craindre pour fa perfonne. Il
» ne favoit pas encore ce que le Nonce du

» Pape, le Cardinal du Perron, les Evêques de
» Paris & d'Angers & les autres Prélats, mé-
» ditoient pour fe venger de Richer. Ils n'a-
» voient pas feulement à cœur la réfiſtance &
» l'oppoſition que le Syndic avoit faites aux
» Thèſes des Jacobins le vendredi 27 Mai, ils
» fe croyoient principalement offenfés de la
» défenfe que le premier Préſident avoit faite
» aux Dominicains d'ouvrir leurs difputes le
» Dimanche fuivant, à caufe de la propoſition
» de la Thèſe, qui marquoit que c'eſt au Pape
» feul qu'il appartient de définir les vérités de
» la foi, en quoi il ne peut point errer ».

Le Cardinal (du Perron) s'étant fait accom-
pagner de quelques Evêques, alla trouver fur le
foir le Chancelier & M. de Villeroi, auxquels
il ne fut pas honteux de dire qu'il étoit autant
permis de révoquer en doute l'état du mariage
de la Reine & de fes enfans, que la puiſſance
du Pape qui avoit donné au Roi Henri IV la
difpenfe pour fe remarier. Ces deux Miniſtres
eurent horreur d'une comparaifon fi odieufe,
& d'un difcours qui fembloit ne refpirer que la
fédition. Ils répondirent au Cardinal & aux
Evêques, que la Cour de Rome étoit fi entrepre-
nante, qu'il étoit à craindre qu'eux-mêmes ne
s'en trouvaſſent mal, auſſi bien que la France.

Ceux qui étoient préfens à cet entretien ne purent auffi diffimuler l'indignation où ils étoient
de voir que des Prélats François fe rendiffent
ainfi les miniftres de la paffion de ceux qui cherchoient, par toutes fortes de brigues, à faire
reconnoître & établir la puiffance abfolue, &
l'infaillibilité du Pape, dans le Royaume de
France.

Le Cardinal du Perron, l'Evêque de Paris &
quelques autres, toujours pleins de reffentiment
de ce qui s'étoit paffé aux Jacobins, cherchoient
à fe venger de Richer. Ils convinrent qu'il
falloit le faire dépofer du fyndicat. Ils commen-
cerent leur brigue dans la Faculté de Théologie;
ils choifirent, pour le remplacer, Jean Filefac,
Curé de Saint Jean-en-Greve. Le Docteur André
Duval, & François de Harlay de Chanvallon,
Abbé de Saint Victor, fe chargerent de briguer
les fuffrages des Docteurs. L'Abbé de Chanvallon
étoit même convenu de propofer la dépofition
de Richer dans l'affemblée du premier Juillet
1611. Il fut obligé de différer, parçe qu'il n'avoit
pas encore capté affez de voix.

Filezac, qui avoit d'abord réfifté aux offres
qu'on lui avoit faites de la place de Syndic, fe
laiffa corrompre. Le Chancelier, qui avoit été
gagné, & le Cardinal du Perron, lui firent pro-

mettre qu'il s'emploîroit en Sorbonne, pour
préparer les efprits à la dépofition de Richer.
Afin de l'y déterminer plus efficacement, l'Evêque de Paris lui fit efpérer que l'Evêché d'Au-
tun feroit la récompenfe de fes démarches.

La Cour parut alors difpofée à donner aux
Jéfuites des lettres d'affociation à l'Univerfité.
Filefac, préparé à tout, tint des affemblées particulieres, pour engager les Docteurs à y confen-
tir. Richer, qui en fut inftruit, penfa que le
meilleur moyen de parer ce coup étoit de
faire juger l'oppofition formée par l'Univerfité
aux Lettres - Patentes obtenues par les Jéfuites
l'année précédente, qui leur permettoient d'ouvrir des leçons publiques dans leur collége. La
caufe fut plaidée folemnnellement par la Marteliere pour l'Univerfité , & par Montholon
pour les Jéfuites. L'Arrêt du 22 Décembre 1611
appointe les parties au Confeil ; ordonne que le
Provincial & les Jéfuites qui l'affiftent à l'audience , foufcriront préfentement la foumiffion
faite par leur Provincial de fe conformer à la
doctrine de l'école de Sorbonne, même en ce
qui concerne la confervation des perfonnes
facrées des Rois, manutention de leur autorité
royale, & libertés de l'Eglife Gallicane, de
tout temps & ancienneté gardées & obfervées

en ce royaume ; cependant fait inhibitions &
défenses aux Jésuites de rien innover , faire &
entreprendre contre & au préjudice des lettres
de leur rétablissement , & de l'arrêt de vérifi-
cation d'icelles , s'entremettre par eux , ou
personnes interposées , de l'instruction de la
jeunesse en cette ville de Paris , en quelque façon
que ce soit , & d'y faire aucun exercice & fonction de scholarité , à peine de déchéance du
rétablissement qui leur a été accordé (1).

Quel coup pour les Jésuites ! Ils renouvelerent
toutes les brigues qu'ils avoient secrétement
fait naître en Sorbonne , pour troubler la Faculté
de Théologie , & la partager en cabale. Ils
apostèrent des émissaires , pour publier que ce
n'étoit pas aux Jésuites , mais au Saint Pere ,
qu'en vouloit Richer , & à la Religion catholique ; qu'il en avoit concerté la ruine avec
Fra-Paolo de Venise , & les autres ennemis de
la Papauté , dont le Parlement de Paris n'étoit
que trop rempli. Se sentant appuyé du Nonce
& du Cardinal du Perron , ils attirerent divers
Evêques dans leur parti , tâcherent de leur persuader que, pour remédier au schisme qui déchi-

____

(1) Collectio judiciorum de novis erroribus , Tom. II,
part. 2, pag. 53.

roit la Faculté de Théologie , il falloit détruire la Sorbonne où il se formoit , & perdre Richer qui en étoit l'auteur.

La Marteliere , plaidant la cause de l'Université , avoit exposé la doctrine des Jésuites sur l'autorité du Pape , son infaillibilité , sa puissance sur le temporel. Le 28 Décembre 1611 , le Cardinal du Perron manda Richer pour lui faire reproche de ce qu'on avoit employé un tel moyen dans la plaidoierie. Richer sentit par-là combien la fausse doctrine avoit de partisans en France. Il jugea qu'il seroit utile de la combattre , & d'établir les anciennes maximes du Royaume & de la Faculté de Théologie. C'est ce qui lui fit naître l'idée de publier , au commencement de l'année 1612 , les deux livrets qu'il avoit composés pour le premier Président de Verdun , & qu'il lui avoit remis manuscrits au mois de Juillet 1611. Le Mercure François , tome II , pag. 301 , décrit fort exactement l'état dans lequel ils parurent.

Les Docteurs en Théologie se trouvèrent fort partagés sur deux petits livrets latins, l'un avec nom d'imprimeur , & l'autre sans nom. Celui avec nom portoit ce titre, Décret de la sacrée Faculté de Théologie de Paris en l'an 1429 de la Puissance ecclésiastique , & de la primauté du Pontife Romain , contre les sectaires de ce siecle , imprimé à Paris chez Heureux Blanvillain , 1612.

On avoit ajouté à la suite de ce décret quelques-uns des articles arrétés par la Faculté contre Luther, & la censure de la même Faculté contre le livre de Dupleffis Mornay , intitulé: Le myftere d'iniquité.

Quant au second livret , qui n'avoit point de nom d'auteur ni d'imprimeur , il portoit pour titre , *de la Puiffance eccléfiaflique & politique.* Il contenoit dix-huit articles , qui rouloient fur le gouvernement de l'Eglife & l'autorité du Pape. Il étoit terminé par une foumiffion au jugement de l'Eglife.

Le Nonce , le Clergé & les Jéfuites , tournerent alors toute leur force contre Richer. Le Cardinal du Perron dit à Filefac , au commencement de 1612 , qu'il n'étoit plus queftion des Jéfuites ; qu'il s'agiffoit de la caufe du Saint-Siége & de la Religion catholique, & qu'il fe formoit un fchifme dangereux , dont Richer étoit l'auteur ; il le conjura de venir au fecours de l'Eglife , ajoutant que tout le monde jettoit les yeux fur lui , comme fur le feul homme capable de remédier au mal préfent, & d'étouffer le fchifme dans fa naiffance. Il lui fit enten-

dre que pour mieux exécuter la chose, chacun jugeoit qu'il devoit se charger du syndicat,
qu'on étoit résolu d'ôter à Richer : qu'outre la
gloire d'avoir rendu un si grand service au Pape
& à l'Eglise, il y trouveroit encore de l'uti-
lité, & que bientôt les Prélats du Royaume
devoient l'avoir pour confrere.

Pour affoiblir le parti de Richer par la dis-
corde, il s'assura de plusieurs Docteurs mécon-
tens de la sévérité avec laquelle Richer vouloit rétablir l'ancienne doctrine; il gagna dix-
neuf Bacheliers tout nouvellement retranchés
du cours pour leur incapacité, & il se servit de
leur organe pour publier que le Syndic formoit
un schisme sous le nom de la Faculté.

Les deux livrets publiés par Richer fourni-
rent une nouvelle occasion à ses ennemis. La
censure de son livre facilitoit sa déposition.
Duval & ses affidés publierent que le livre de
la Puissance ecclésiastique & politique étoit
rempli d'erreurs & d'hérésies. Duval y fit même
des remarques, qu'il communiqua à l'Evêque
de Paris. Le Prélat jugea le livre digne d'une
réponse réguliere, parce qu'il sembloit qu'on
vouloit renvoyer le Pape au-delà des monts.

Il manda, le 20 Janvier 1612, le Docteur
Gamaches, intime ami de Richer, & l'engagea

à faire cenfurer fon livre dans l'Affemblée du premier Février. Pour vaincre fa répugnance, on lui fit donner l'Abbaye de Saint Julien-de-Tours, avec promeffe de Bulles gratuites, après la dépofition de Richer.

L'Evêque de Paris, & de Pierre Vive fon grand Vicaire, firent des efforts inutiles pour corrompre Roland Hébert, prédéceffeur de Richer dans le fyndicat. Il ne voulut jamais entrer dans la ligue formée contre lui.

Le Nonce Ubaldini, qui connoiffoit la foibleffe du Gouvernement, fut en Cour. Il menaça de partir dès le lendemain fans congé, fi on ne faifoit pas juftice au Pape de Richer & de fon livre. En même-temps Scappi, Auditeur du Nonce, alloit de porte en porte chez les Docteurs, conduit par Joachim Forgemont, & briguoit leur fuffrage, pour la dépofition de Richer & la cenfure de fon livre.

Le Parlement, inftruit de ces brigues, crut devoir en arrêter l'effet. Le Procureur-Général remontra qu'on vouloit faire une affemblée de Sorbonne fur des écrits publiés depuis peu. L'un eft un décret de la Faculté de Théologie de l'an 1419. L'autre eft intitulé *de Ecclefiaftica & Politica Poteftate*. Il pouvoit en réfulter quelque préjudice au public. Pour le prévenir, il requit

que les Doyen , Sénieurs & Syndic fuſſent mandés , pour , en leur préſence , & eux ouïs , être
fait droit ſur les concluſions qu'il entendoit
prendre ; & cependant qu'il fût fait défenſe à
la Faculté de s'aſſembler & de délibérer ſur cet
objet.

Par Arrêt du dernier Février 1612 , il fut ordonné qu'à la Requête du Procureur-Général ,
les Doyen , Sénieurs & Syndic ſeroient appelés , & viendroient le lendemain, ſept heures
du matin, pour, eux ouïs, être ordonné ce qu'il
appartiendroit. Cependant que leur aſſemblée
& délibération ſur ce qui avoit été remontré
par le Procureur-Général , ſurſeoiroit. Il leur a
été défendu de paſſer outre , juſqu'à ce qu'autrement il en eût été ordonné (*a*).

Nous avons à la ſuite de l'Arrêt , la dépoſition des Docteurs mandés. Nicolas Petit-Jean ,
Doyen de la Faculté , enquis de ce qu'il ſait
des écrits & décrets de Sorbonne imprimés ,
& des pratiques & menées faites, & par qui ,
pour les cenſurer.

A dit avoir ſu , ſeulement par oui-dire , qu'il

------

(1) Collectio judiciorum de novis erroribus , Tom. II ,
part. II , p. 60.

avoit

avoit été imprimé un traité intitulé : *de Eccle-sfiaſticà & Politicá Poteſtate* , avec quelques dé-crets de la Faculté de Théologie , & entr'autres un de l'an 1429 contre Jean Sarrazin. Il a en-tendu pluſieurs gens de bien dire que c'étoit Edmond Richer , Syndic de la Faculté , qui avoit fait imprimer leſdits écrits , dans leſquels il n'y avoit rien qui ne fût conforme à la doctrine de l'Ecole de Sorbonne.

Enquis qui lui a parlé par forme de plainte de l'impreſſion deſdits écrits , & de la cenſure d'iceux.

A dit que , le jour d'hier , le Docteur For-gemont eſt venu chez lui , comme il a oui-dire qu'il avoit été chez pluſieurs autres Docteurs , accompagné de l'Auditeur du Nonce. L'Audi-teur lui dit qu'il étoit venu le voir , pour le prier de propoſer à l'aſſemblée , qui devoit ſe tenir au premier jour , la condamnation & cen-ſure deſdits écrits & des décrets de la Sor-bonne y contenus. L'Auditeur le pria de plus , pour le bien de la Religion catholique & au-torité du Pape , de faire révoquer Richer du ſyndicat.

Nicolas Rognant , Sénieur du Collége de Sor-bonne , a dit que les deux écrits ne renfer-moient rien qui ne fût exactement conforme

à la vraie & ancienne doctrine de la Faculté.
Ecoutons Richer. » A dit avoir fait impri-
» mer ledit traité pour servir de factum en la
» cause de l'Université contre les Jésuites, &
» que comme il a dit franchement au par-
» quet ce qui étoit de la vérité, il est prêt de
» la soutenir, se soumettant au jugement & cen-
» sure de la Faculté de Théologie, les décrets
» de laquelle il a fait imprimer pour confir-
» mation dudit traité, auquel, si aucune chose
» est trouvée par ceux de ladite Faculté qui
» sont non suspects, il est prêt de faire telle
» déclaration & reconnoissance que ladite Fa-
» culté avisera devoir être faites; même effacer
» de ses larmes ce que l'on jugera être contre
» l'ancienne doctrine de ladite Faculté; mais
» supplie la Cour trouver bon, s'il dit qu'il a
» intérêt d'avoir en ce fait *Judices non suspectos*,
» d'autant qu'il y a quelques-uns qui, par pro-
» fession & déclaration expresse, ayant tenu pa-
» reilles maximes que frere Jean Sarrazin, Ja-
» cobin, condamné par la censure de l'an 1429.
» Les propositions par eux publiées ont été
» défendues & censurées par ladite Faculté; de
» maniere qu'il ne seroit raisonnable, sauf la
» révérence de la Cour, que telles personnes
» fussent juges en cette affaire ».

Tel eſt l'homme qu'on donne pour un héré-
ſiarque & un chef de ſecte.

Charles Loppé a dit que l'Auditeur du Nonce
l'étoit venu voir pour l'engager à faire cenſurer le traité par la Sorbonne.

Joachim Forgemont eſt convenu avoir conduit l'Auditeur du Nonce chez le Doyen &
autres Docteurs, pour les engager à cenſurer
le traité.

Sur ces interrogatoires & les concluſions de
M. Servin, il a été rendu Arrêt, le premier
Mars 1612, qui ordonne que tous les exem-
plaires du livre intitulé *de Ecclefiaſticâ & Politicâ Poteſtate* feront apportés au greffe de la
Cour, & le Syndic, Auteur d'icelui, fera diligence
de retirer & rapporter les copies qui en ont
été délivrées, & ce dans trois jours. Cependant juſqu'à ce que la Cour ſe ſoit éclaircie de
choſes qui regardent le ſervice du Roi ſur ce
ſujet, enjoint auxdits Doyen, Sénieurs & Docteurs de la Faculté, de ſurſeoir ſur ce toute délibération.

A l'Arrêt ont été joints pluſieurs arrêtés.

« Arrêté que Forgemont fera blâmé aigre-
» ment, préſens les gens du Roi, leſdits Doyen,
» Sénieurs & autres Docteurs de Théologie de
» l'aſſiſtance rendue à l'Auditeur du Nonce,

» avec défenſe de plus faire telles menées, à
» peine de punition exemplaire ».

» Que ledit Richer ſeroit mandé venir en
» la maiſon de M. le premier Préſident, &
» par lui admoneſté en ſa préſence d'avoir im-
» prudemment & ſans ſujet compoſé ledit traité,
» & icelui fait imprimer avec les décrets de
» la Faculté, de ſon autorité ».

» Et que le Doyen ſeroit averti d'exhorter
» à l'avenir aux Aſſemblées & Congrégations
» ordinaires de leur Faculté tout Docteur de
» la Faculté de tenir fermement l'ancienne doc-
» trine de leur école, de ne ſe départir ja-
» mais de l'uniformité d'icelle, ſe garder des
» deſſeins des étrangers, tendans à trouble &
» diviſion, au préjudice de l'autorité royale,
» droits de la Couronne, & libertés de l'E-
» gliſe Gallicane ».

» Après la prononciation de l'Arrêt, M. le
» Préſident Potier a été prié & chargé par la
» Cour d'aller vers le Roi & la Reine, Ré-
» gente, démontrer les allées & venues de
» l'Auditeur de Monſieur le Nonce du Pape
» chez les Docteurs de la Faculté de Théologie,
» pour leur perſuader de cenſurer leſdits trai-
» tés, écrits & impreſſion des décrets de la Fa-
» culté, & remontrer audit Seigneur Roi &

» à ladite Dame Reine la conséquence de telles
» menées extraordinaires, qui ne peuvent ten-
» dre qu'à division des sujets du Roi, & à trou-
» bler l'Etat, afin qu'il plaise audit Seigneur
» Roi & à la Reine y pourvoir par remedes
» convenables ».

Cet Arrêt empêcha que le livre de Richer
ne fût censuré en Sorbonne, & les Evêques
résolurent d'en faire eux-mêmes la censure. Le
Cardinal du Perron fut en Cour avec l'Evêque
de Paris & quelques autres. Pour irriter la Reine
& les Ministres contre le livre de Richer,
il fit entendre qu'il avoit été composé à la sollicitation du Prince de Condé, uniquement
pour troubler l'Etat. Sa doctrine armoit les hérétiques pour combattre la mission légitime des
Pasteurs. Le Cardinal déclama contre la Sorbonne entiere, comme se mêlant toujours dans
les troubles & les séditions publiques, & prenant le mauvais parti. Dans le temps de la ligue, les Prélats étant fideles au Roi, la Sorbonne s'étoit déclarée contre lui. Richer avoit
alors soutenu des Thèses où Jacques Clément
étoit loué comme vengeur & protecteur de la
liberté des François.

Quelle méchanceté, quelle noirceur, de reprocher un délit commis il y a vingt ans dans

des circonstances où il étoit en quelque sorte excusable ; & qui avoit été désavoué & réparé par une conduite contraire soutenue persévéramment ....

Le Cardinal ajouta que Richer, dont les Prélats du Royaume demandoient la condamnation par sa bouche, étoit l'ennemi déclaré des Rois & des Etats monarchiques. Les maximes qu'il opposoit à la monarchie du Pape ruinoient celles des Rois & des autres Souverains. Triste personnage pour un Cardinal Evêque de diffamer ainsi un innocent ! *Quis accusabit adversùs electos Dei ?* Ces calomnies ne pouvoient pas manquer d'avoir effet sur le ministere tel qu'il étoit alors. Le Chancelier & Villeroi étoient livrés aux ennemis de Richer. Pour ne pas se charger de la haine publique, ils conseillerent au Nonce d'engager le Pape à écrire à la Reine, & à lui demander expressément la censure du livre & la déposition du Syndic.

Le Cardinal du Perron, assuré de ne trouver aucun obstacle du côté de la Cour, mit la main à l'œuvre. Il assembla en son Hôtel tous les Evêques qui étoient à Paris, pour examiner le livre de Richer. L'Archevêque de Tours & l'Evêque de Beauvais soutinrent qu'on devoit l'entendre; qu'il s'avouoit publiquement auteur du livre ; & qu'il pourroit expliquer, dans un bon sens , les propofitions qui faifoient de la peine. Le Cardinal s'y oppofa fur ce que le livre avoit été imprimé fans nom d'auteur. Il avoit grand intérêt à ce que Richer ne fût pas cité. Le Docteur auroit pû le récufer , lui & l'Evêque de Paris, fur une foule de preuves qu'ils avoient données d'inimitie perfonnelle.

Le Cardinal oppofa au livre deux moyens qu'il croyoit propres à exciter l'indignation des Prélats. Richer, felon lui, enfeignoit que les élections étoient de droit divin. Il en réfultoit, qu'il n'y avoit point d'Evêque légitime en France. Il égaloit en tout les Prêtres aux Evêques, ce qui conftituoit l'héréfie des Aériens.

Ces graves moyens déterminerent le vœu de l'Affemblée. Le livre fut jugé digne de cenfure. Cette réfolution , fi fatisfaifante pour le Pape, fut remife au Nonce, qui l'envoya à Rome par un courier extraordinaire.

Les lettres du Pape, foit à la Reine , foit aux Prélats, arriverent enfin. Le fieur de Breves, Ambaffadeur du Roi près de Sa Sainteté, manda en même-temps que le Pape lui avoit refufé audience, jufqu'à ce qu'on lui eût fait raifon du Syndic & de fon livre.

Les Prélats fe chargerent d'aller en Cour avec le Nonce & le Cardinal du Perron préfenter à la Reine la lettre du Pape qui lui étoit adreffée. Ils en rapporterent la permiffion de cenfurer le livre, comme ils le jugeroient à propos. Ils en uferent auffi-tôt. Leur cenfure eft tranfcrite dans la brochure, pag. 12, fous le titre faftueux de Concile de Sens. Elle eft inexactement rapportée ; car il faut qu'il n'y ait rien de fidele dans cet ouvrage. La voici telle qu'elle fut publiée, & qu'on la lit dans le Mercure François, Tom. II, p. 312 :

Jacques, par la permiffion divine, Cardinal de la fainte Eglife romaine, du titre de fainte Agnès *in Agone*, dit du Perron, Archevêque de Sens, Primat des Gaules & de Germanie ; Henri, Evêque de Paris ; François, Evêque d'Auxerre ; Jean, Evêque de Meaux ; Gabriel, Evêque d'Orléans ; René, Evêque de Troyes ; Euftache, Evêque de Nevers, & Philippe, Evêque de Chartres, provincialement affemblés : A tous ceux qui ces préfentes lettres verront, falut en notre Seigneur. Comme ainfi foit que le devoir de nos charges nous oblige, non-feulement d'enfeigner la vérité chrétienne à ceux dont le foin nous eft commis, mais auffi d'empêcher diligemment que les opinions nouvelles, erronées & pernicieuses, ne se glissent & espandent dedans les esprits, à la ruine & subversion de l'Eglise. A ces causes, après avoir vu & examiné un livre sans nom d'auteur & d'imprimeur, intitulé *De Ecclesiasticâ & Politicâ Potestate*, nous l'avons jugé & déclaré digne de censure & condamnation, & de fait, le censurons & condamnons pour plusieurs propositions, expositions & allégations qui y sont contenues, fausses, erronées, scandaleuses, &, comme elles sonnent, schismatiques & hérétiques : sans toucher néanmoins aux droits du Roi & de la couronne de France ; droits, immunités & libertés de l'Eglise Gallicane. Et partant deffendons à tous les fideles Chrétiens sur qui Dieu nous a constitués, dont le salut fait partie du nôtre, de l'avoir & de le lire, & aux Imprimeurs & Libraires de l'imprimer, vendre & publier sur peine de censures ecclésiastiques. Et enjoignons à tous les Curés de nos Diocèses de les en avertir : en foi de quoi nous avons signé les présentes, & fait sceller de nos cachets, & contresigner par Me. Jean Baudouin, Notaire public & apostolique, juré en la Cour épiscopale de Paris, lequel nous avons pris pour Secrétaire en cette part. Fait à Paris, en notre Congrégation provinciale, le mardi treizieme jour de Mars, l'an de salut 1612. Signé en la minute originale, Jacques, &c.

Au pied de la censure l'Evêque de Paris a mis un Mandement ainsi conçu : Henri de Gondy, par la permission divine, Evêque de Paris, aux Archi-Prêtres de sainte Marie-Magdeleine & de saint-Severin, salut : nous vous mandons signifier à tous Curés ou Vicaires des Eglises Paroissiales de cette ville & fauxbourgs de Paris, qu'ils ayent à lire & publier en leurs prônes Dimanche prochain, la censure en la forme & maniere cy-dessus contenue. Fait à Paris le 16 Mars 1612. Signé Baudouin.

Richer a donné en 1622 une nouvelle édition de son livre. Il a mis en tête une déclaration signée de lui, le jeudi 30 Juin de cette année. Il atteste n'avoir été engagé par personne à composer son livre *de Ecclesiasticâ & Politicâ Potestate*. Il n'a eu d'autre dessein que de faire connoître l'ancienne doctrine de l'école de Paris. Quelques propositions de ce livre ayant été prises en mauvaise part, il proteste qu'il a toujours voulu, & veut encore soumettre sa personne, son livre & toute sa doctrine, au jugement du Siége apostolique, & de l'Eglise catholique apostolique & romaine. Il a la plus

grande douleur de ce que quelques propofitions de fon livre ont été interprétées contre
leur fens naturel, & contre fon intention,
comme s'il avoit voulu affoiblir l'autorité du
Pape & des Prélats. Il condamne & détefte
tout fentiment contraire au jugement de l'E-
glife catholique, apoftolique & romaine. Il eft
prêt, comme il l'a toujours déclaré, à expliquer toutes fes propofitions en un fens bon,
vrai & catholique.

Quel fingulier feĉtaire qu'un homme qui eft
toujours aux genoux de l'Eglife pour lui fou-
mettre fa doĉtrine! Il eft cependant traité auffi
mal que Luther & Calvin. Après cette déclaration eft un avertiffement au leĉteur.

Il y dit que les gens de bien ont été d'autant plus affligés de l'affaffinat d'Henri IV, qu'on
répandoit alors des ouvrages dans lefquels on
accordoit au Pape le droit de dépofer les
Rois. Cette doĉtrine, qui menaçoit la vie de
nos Rois, s'accréditoit de plus en plus. C'eft
ce qui l'a déterminé à compofer, en 1611, fon
livre de la Puiffance eccléfiaftique & politique,
par l'ordre d'un grand perfonnage très-catholi-
que, *mandato viri ampliffimi, & maximè catholici, cui hoc abfque injuria denegare nullo
modo poteram.* (Le premier Préfident de Verdun.)

Richer vouloit uniquement faire voir quelle étoit la doctrine des anciens sur l'autorité de l'E-glise & du Pape. A peine ce livre avoit-il paru, qu'il a été censuré par les Evêques de la province de Sens, comme contenant des pro-positions schifmatiques, hérétiques, &c. Comme elles sonnent, *ut sonant*, ce sont, dit-il, les pro-pres termes des censeurs, qui annoncent que son livre a été condamné sur les apparences, & qu'on en a jugé par les oreilles. *Propria sunt verba DD. Censorum, quæ indicant libel-lum meum in speciem, & quasi ad externum au-rium sonum damnari.* Il se plaint, avec raison, de ce qu'on ne l'a pas entendu, puisqu'il étoit très-connu pour auteur du livre. *At, bone Deus, qui neminem indicta causa damnari vis ! Quam pronum & expeditum erat, istam externam soni imaginem, ad bonum, verum, & catholicum concentum revocare, si me DD. Censores non gra-vati essent audire: quando me illius libelli auto-rem palam & ingenue profiterer ?*

Richer s'est plaint d'avoir été condamné sans être entendu, contre tout droit divin & hu-main. Il a soutenu que les censeurs auroient dû désigner au moins quelqu'une des proposi-tions qu'il devoit corriger. Cette désignation étoit rendue nécessaire par une clause de la

Cenfure. Elle mettoit à couvert les droits du Roi & de fa couronne, & les libertés de l'Eglife Gallicane. Or, dit Richer, il n'y a pas un point dans tout mon livre, qui n'ait le rapport le plus intime à ces matières. Par-là les cenfeurs condamnent ce qu'ils exceptent, & exceptent ce qu'ils condamnent. *Infuper contenderem DD. Cenfores, faltem aliquam ejusmodi propofitionum, allegationum & expofitionum, quas deberem emendare, nominatim debuiffe defignare : propterea quod hæc alia fuæ cenfuræ claufula, juribus tamen tam Regis quam Ecclefiæ Gallicanæ libertatibus per nos non tactis : illa ipfa exciperent quæ damnabant, & contra damnarent quæ excipiebant : quoniam toto meo libello, ne ullus quidem apex occurreret, qui aut ad Regis jura, & fupremam majeftatem tuendam, aut ad Ecclefiæ Gallicanæ libertates non intimè pertineret.*

Pour toute réponfe à ces plaintes, on a défendu à Richer, fous peine de la vie, d'écrire contre la cenfure : *Tandem pro omni refponfo, mihi pœna capitis interdictum, ne quid pro meâ defenfione lucubrarem.*

On ajoutoit que Richer fe plaignoit à tort de ne pas connoître les propofitions qu'on avoit cenfurées, puifque le Docteur André Duval lés avoit toutes notées dans l'ouvrage qu'il avoit compofé contre fon livre.

Richer a été ainfi condamné au filénce. Dès qu'il lui a été permis d'ouvrir la bouche, il s'eft hâté de répondre à Duval; il a juftifié les propofitions que ce Docteur avoit condamnées avec beaucoup d'animofité & d'injures. C'eft dans cette vue qu'il publie, en 1622, une nouvelle édition des dix-huit articles dont fon livre étoit compofé, à chacun defquels il joint une démonftration de la vérité de ce qu'il contient.

Richer, ayant voulu appeler comme d'abus de la cenfure, avoit dreffé les lettres de relief de cet appel; il y refte les différens abus de la pièce qu'il attaque. On les trouve dans le Mercure François, Tome II, p. 313.

Par dès voies extraordinaires, on a follicité plufieurs particuliers, Docteurs de la Faculté, à deffein de les induire à condamner fon livre & demander la révocation de fon fyndicat. Le Parlement s'étant oppofé à ces brigues par fon arrêt du premier Février 1612, on a eu recours à un autre expédient. Douze ou treize Prélats, qui fe trouvoient à Paris, fe font affemblés plufieurs fois, fans permiffion du Roi, pour examiner fon livre, & en réfoudre la cenfure. N'ayant pas pu y réuffir , ils ont imaginé une autre marche. Ils ont formé fubitement une congrégation provinciale des Evêques députés à Paris par le Clergé de leurs Diocèfes , non pour vacquer à la confection de la cenfure fufdite , mais pour élire un agent de ladite province & des députés pour ouir les comptes de Caftille (receveur général du Clergé) , dans l'affemblée générale qui fe devoit tenir au mois de Mai. Dans cette congrégation tenue par huit Prélats fans permiffion , convocation ni indiction ; fans appeler Richer qu'ils connoiffoient prefque tous pour auteur du livre , ils ont trouvé plufieurs propofitions fchifmatiques & hérétiques comme elles fonnent ; fans toucher néanmoins aux droits du Roi & de la couronne de France , droits, immunités & libertés de l'Eglife Gallicane.

Cette cenfure a été faite contre l'autorité du Roi & de fon Parlement , & au mépris de l'arrêt du premier Février 1612. Il étoit conf. tant que cinq des Prélats qui avoient figné la cenfure n'avoient pas affifté à l'examen de l'écrit par eux condamné.

Ce qui tenoit le haut degré d'abus étoit que la cenfure étoit générale , vague & incertaine, & la réfervation pareillement : de forte que par

un même acte, on condamnoit & confirmoit ;
réprouvoit & approuvoit un même écrit en
termes généraux & indéfinis, fans expreffion
& défignation, ni de ce qui étoit condamné,
ni de ce qui étoit réfervé & excepté.

. Richer offroit, pour la juftification du traité
par lui compofé, de rendre raifon de la doctrine
contenue en icelui, pardevant toutes perfonnes
capables, non fufpectes de faveur ou de haine,
ni engagées en la doctrine contraire ; confirmer les propofitions qui gifent en preuve, expliquer & interpréter celles qui femblent requérir interprétation, le tout par auteurs catholiques autorifés & non cenfurés, qui ont écrit
auparavant les divifions de la Religion furvenues
en l'Eglife depuis cent ans ; & même montrer
& juftifier que la doctrine contenue en fon
livre eft la doctrine ancienne de la Faculté
de Théologie fondée dans l'Univerfité de Paris.

Sous le bénéfice de ces offres, Richer déshonoré par la cenfure, & n'ayant pas d'autre
voie ouverte, étoit obligé de recourir à l'appel comme d'abus de la cenfure & de fa publication, & de tout ce qui s'en étoit enfui-
vi, & pourroit s'enfuivre.

Telle eft la teneur des lettres de relief
d'appel. Elles furent refufées aux Sceaux. Le
Chancelier

Chancelier de Sillery avoit défendu à tous les Maîtres des Requêtes & à tous les Secrétaires du Roi de sceller aucunes lettres en faveur de Richer.

Il s'adressa au Parlement, auquel il demanda à être reçu appelant comme d'abus. Sa requête ne fut point répondue. Il y a long-temps, comme l'on voit, que toute justice est refusée en France aux innocens, quand ils ont de puissans adversaires.

Il faut avouer que tous les moyens proposés dans les lettres ne sont pas également solides.

Peu importe que l'Assemblée n'ait pas été expressément convoquée. L'histoire de l'Eglise est pleine de Conciles qui ont été tenus par les Evêques qui se trouvoient réunis pour la dédicace d'une Eglise, ou pour quelqu'autre cause semblable. La permission du Roi ne sera jamais nécessaire pour la convocation légitime d'un Concile. Les Canons ordonnent de les tenir au moins tous les trois ans. C'est par une basse adulation, & un asservissement honteux, que depuis un certain temps les Assemblées du Clergé demandent la permission de tenir des Conciles provinciaux. Elles étoient bien assurées que la permission seroit refusée. Elles auroient été bien fâchées qu'on la leur accordât. Autre chofe eft que la puiffance temporelle puiffe, par des raifons d'Etat, défendre l'affemblée d'un Concile dans un certain temps ou un certain lieu. Autre chofe, qu'on ne puiffe jamais en tenir aucun fans fon confentement.

On peut foutenir que la défenfe faite à la Sorbonne de délibérer fur le livre de Richer ne lioit pas les mains aux Evêques. Mais le motif fur lequel elle étoit fondée devoit engager le Chancelier & Villeroi, qui conduifoient la Reine Régente, à ne pas permettre la cenfure. Ils ont autorifé par-là une doctrine contraire à la sûreté de la perfonne des Rois, & à l'indé-pendance de leur couronne. Si on avoit connu alors la refponfabilité des Miniftres à la Nation, ils auroient mérité qu'on fît leur procès.

Mais comment les Evêques s'excuferont-ils de n'avoir pas appelé Richer ? Non - feulement il s'étoit toujours reconnu très-publiquement pour auteur du livre, mais il s'étoit avoué tel en plein Parlement. Il avoit été jugé tel par le chef de l'arrêt, qui le reprend d'avoir com-pofé & fait imprimer le livre fans permiffion. La publication de cet arrêt, rendu le premier Mars, annonçoit à tout Paris que le livre étoit forti de la plume de Richer. Cependant on ne l'a point appelé pour être à portée de rendre

compte de fa doctrine , & d'expliquer fes propofitions dans un fens catholique. Les Evêques
du prétendu Concile de Sens ont eu moins
d'équité & de droiture que les Romains , qui
ne fe permettoient pas de condamner un homme
fans l'entendre dans fa défenfe.

Comment ne pas voir encore l'illufion de la
cenfure ? Elle met à couvert les droits du Roi
& les libertés de l'Eglife Gallicane , auxquels
elle ne touche point. Elle condamne cependant
des propofitions qui ne font que l'expreffion
des droits du Roi , & les libertés de l'Eglife
de France. Il n'y a pas un point dans tout mon
livre , dit Richer , *unus apex* , qui ne foit rela-
tif à ces objets ; & cela eft de la dernière évidence. Les Evêques condamnent donc & approu-
vent en même temps ? Ils réprouvent ce qu'ils
exceptent , ils exceptent ce qu'ils réprouvent.
Vit-on jamais une conduite fi peu digne de la
gravité d'un Concile ? Mais on ne cherchoit pas
à inftruire les fidèles par la profcription d'une
erreur. On vouloit uniquement diffamer Richer ,
per fas & nefas. Il eft étonnant que lui & fes
défenfeurs aient négligé un autre moyen qui
faute aux yeux. C'eft l'inimitié marquée du Cardinal du Perron & de l'Evêque de Paris. Qui
doute que fi Richer eût été appelé , il n'eût

pu & dû récuſer le Préſident du prétendu Concile, & l'Evêque de Paris qui en étoit un des
principaux membres, comme étant ſes ennemis
perſonnels ; comme ayant employé toute ſorte
de brigues & de manœuvres pour faire cenſurer
ſon livre, & lui enlever le ſyndicat. Les faits
qu'on a rapportés prouvent complettement cette
averſion du Cardinal du Perron & ſa haine
contre Richer. Et qu'on ne croie pas que ces
faits ne ſe trouvent que dans la vie de Richer
par Baillet, & dans l'hiſtoire de ſon ſyndicat.
La mauvaiſe volonté du Cardinal du Perron pour
lui eſt atteſtée par tous les Hiſtoriens. L'Auteur
de la vie du Cardinal du Perron n'eſt ſuſpeᶜt
ni de Richériſme, ni de Janſéniſme. Ecoutons-
le (1) :

« Le premier Préſident de Verdun, dit-il,
» ayant appris ce qui s'étoit paſſé, (à la Thèſe
» des Jacobins) approuva la conduite de Richer.
» Il lui demanda un abrégé de la doctrine
» ancienne de l'Univerſité ſur l'autorité du
» Pape. C'eſt ce qui occaſionna le fameux livre
» *de Eccleſiaſtica & Politica Poteſtate*, qui fut
» la cauſe de toutes les perſécutions que ce
» ſavant homme éprouva, le reſte de ſa vie, de

---

(1) Vie du Cardinal du Perron, pag. 291.

» la part des ennemis de la doctrine de France.

» Le Cardinal du Perron prit dès-lors Richer
» dans la plus grande averfion. Il affembla quel-
» ques Evêques, & il alla, le foir même du jour
» où la Thèfe s'étoit foutenue, chez le Chance-
» lier de Sillery & chez M. de Villeroy. Plein
» de colère, il invectiva contre Richer ; & il
» eut la mal-adreffe de foutenir qu'il étoit autant
» permis de révoquer en doute l'état du mariage
» de la Reine, & la légitimité de fes enfans,
» que la puiffance du Pape, qui avoit donné
» au Roi Henri IV la difpenfe pour fe marier.
» Ce difcours fcandalifa étrangement ces Mi-
» niftres, & ceux qui l'entendirent. On n'en
» pouvoit pas tenir effectivement de plus infenfé.
» Il auroit été plaufible, fi Richer avoit révoqué
» en doute l'autorité légitime de l'Evêque de
» Rome ; mais il ne combattoit que fes pré-
» tentions monftrueufes, que la flatterie &
» l'ignorance ont produites.

» Le Cardinal du Perron, auquel fe joignit
» l'Evêque de Paris, réfolut de porter la ven-
» geance contre Richer jufqu'à le faire dépofer
» honteufement du fyndicat de Sorbonne. Leur
» projet étoit de faire mettre à fa place le Doc-
» teur Filefac, Curé de Saint Jean-en-Grève,

» Théologal de Paris, qui leur étoit entiérement
» dévoué.

» Le Cardinal eut des conférences secrétes
» avec Filesac ; il le flata de lui faire avoir un
» Evêché ; il lui représenta la nécessité de s'op-
» poser à un schisme dont Richer étoit l'au-
» teur. Il le conjura de venir au secours de
» l'Eglise, & de vouloir bien se charger du
» syndicat de Sorbonne. Filesac promit tout ce
» qu'on exigea de lui. Le Nonce, qui entroit
» dans cette intrigue, en écrivit à Rome, & il
» reçut des lettres capables d'encourager le
» Cardinal, qui n'étoit déja que trop animé
» contre Richer.

» L'Auteur ajoute un peu plus loin que le
» Roi d'Angleterre, mécontent de la conduite
» de du Perron dans cette affaire (la censure
» du livre) interrompit dès-lors son commerce
» de lettres avec lui. Cela détermina le Cardi-
» nal à écrire à ce Prince une lettre pleine
» de fiel & d'aigreur contre Richer, où il
» s'efforce de prouver que ce Docteur, par ses
» principes, ébranloit la souveraineté des
» Princes.

» L'Auteur dit encore, que Gabriel de
» l'Aubespine, évêque d'Orléans, le plus sa-
» vant des Evêques de ce prétendu Concile,

» ne voulut pas figner la cenfure, & qu'il fut
» le feul.

Il paroît certain que l'Evêque d'Orléans a
figné comme les autres. Il peut l'avoir fait à
contre-cœur. « Tous les Prélats, dit Baillet,
» (liv. 2, n. 11) fignerent cette cenfure fans
» fcrupule, fi l'on excepte l'Evêque d'Orléans,
» Gabriel de l'Aubefpine, qui étoit le feul de
» toute l'Affemblée, avec le Cardinal du Perron,
» qui fut capable de juger de la doctrine con-
» tenue dans le livre de Richer, & qui fe fut
» donné la peine de le lire. Ce Prélat, quoi-
» qu'encore jeune, étoit l'un des plus doctes
» Evêques du Royaume, ayant pris pour guide
» dans l'étude des Peres, des Conciles & de
» l'Hiftoire Eccléfiaftique, l'Evêque de Beau-
» vais, qui avoit le bruit de paffer du Perron
» en fcience. L'Evêque d'Orléans, non - plus
» que celui de Beauvais, ne trouvoit rien
» dans le livre de Richer qui ne fût conforme
» à la doctrine de l'Eglife, hors l'endroit où
» il fembloit donner lieu de croire qu'on peut
» égaler les Prêtres aux Evêques, parce qu'il
» déclaroit la miffion des 72 Difciples venue auffi
» immédiatement de J. C. que celle des Apôtres,
» & par conféquent d'inftitution également divi-
» ne. Mais il fut fort fatisfait de l'éclairciffement

(88)

» que Richer donna depuis à cet endroit de
» fon livre, & il montra que les procédures
» dont on ufa contre ce Docteur ne lui étoient
» guere agréables ».

» Lorfqu'il fallut appofer le fceau des huit
» Prélats de l'affemblée provinciale, à l'acte de
» la cenfure, l'Evêque d'Orléans s'excufa fur
» ce qu'il n'avoit pas de fceau à Paris. Cela
» fit naître une petite conteftation qui penfa
» déconcerter le Cardinal du Perron, dans l'im-
» patience où il étoit de conclure l'affaire.
» L'Evêque de Paris, qui trouvoit des expédiens
» à tout, envoya fur-le-champ lui faire graver
» un cachet d'argent à fes armes, & fit fi bien
» qu'on le lui préfenta avant la féparation de l'af-
» femblée. Après quoi, le Cardinal fit dire en
» préfence des Prélats une Meffe du Saint-
» Efprit dans fa chapelle par fon Aumonier,
» c'eft-à-dire, qu'il finit toute l'action par où
» il devoit la commencer ».

« Le plus grand ennemi & le plus dangereux en-
» nemi de Richer, dit le Vaffor (1), fut le Cardinal
» du Perron, Pouffé par le Cardinal de Gonzague,
» & par le Nonce Ubaldini, du Perron eut la malice

____

(1) Hiftoire de Louis XIII, Tom. I, Liv. III, p. 135.
Edit. in-4°.

» de dire dans le Conseil de la Régente, que Ri-
» cher ne mettoit le Concile au-deſſus du Pape
» que parce qu'il ſuppoſoit que les Etats-Généraux
» ſont au-deſſus des Rois ; enfin qu'il avoit en
» vue de donner atteinte à la naiſſance & à
» l'état du Roi, & des enfans d'Henri IV, &
» à la validité du mariage du feu Roi avec la
» Reine-mere. Richer demanda la permiſſion
» de ſe défendre contre les calomnies du Car-
» dinal : mais le Nonce faiſoit tant de bruit de
» ſon côté, qu'on ne voulut pas accorder une
» choſe ſi juſte.

» Ubaldini menaçoit même de ſortir inceſ-
» ſamment de Paris ſans prendre congé du
» Roi. Le Cardinal de Bonzi déclara un jour
» à Richer, de la part du Chancelier de Silleri,
» qu'on le feroit pendre, s'il répondoit à
» quelqu'un des libelles que ſes adverſaires pu-
» blioient contre lui. Comment ! diſoit Bonzi,
» le Roi & la Reine ſe ménagent bien la pe-
» tite République de Genève ; & pourquoi leurs
» Majeſtés ne ménageront-elles pas le Pape ?
» Il eſt autrement puiſſant que la ſeigneurie
» de Genève. Outre que ſa domination ſpiri-
» tuelle s'étend ſur tout le monde, il eſt ſou-
» verain de pluſieurs provinces en Italie. C'eſt
» ainſi que les grands Seigneurs s'imaginent

» que leur élévation les met en droit de payer
» les autres des réponses les plus extravagantes.

» Jamais censure ne fut plus irréguliere que
» celle-ci. Les Prélats n'avoient pouvoir de
» s'assembler que pour certaines affaires tem-
» porelles du Clergé de leur province. Le pré-
» tendu Concile du Cardinal n'étoit donc pas
» convoqué dans les formes. De huit Prélats
» qui le composerent, cinq signerent la con-
» damnation, sans avoir été présens à l'examen
» du livre. On seroit surpris d'y trouver le nom
» de Gabriel de l'Aubespine, évêque d'Or-
» léans, fort connu par ses livres, où il tache
» d'éclaircir quelques endroits curieux de l'an-
» tiquité ecclésiastique, si on ne savoit pas d'ail-
» leurs que ce Prélat étoit un courtisan qui
» menoit une vie déréglée. M. d'Orléans, disoit-
» on alors, va travailler pour l'Eglise, quand
» il n'a plus d'argent pour jouer.

» Le Parlement s'étant saisi de l'affaire du
» livre, les Evêques de la province de Sens
» ne pouvoient prononcer dessus, sans entre-
» prendre sur l'autorité du Roi, & sur celle
» de son Parlement. Il falloit encore appe-
» ler l'auteur, & entendre ses défenses. Enfin,
» le Concile du Cardinal condamne & absout
» en même-temps. Toutes les propositions pré-

» tendues erronées & hérétiques dans le livre
» de Richer regardoient les droits du Roi &
» les libertés de l'Eglise Gallicane; & c'est à quoi
» les Peres du Concile ne veulent pas toucher.
» On attendoit de leurs lumieres & de leur
» équité qu'ils marquassent au public les héré-
» sies de Richer qui n'ont aucune relation aux
» droits de la couronne & aux priviléges de
» l'Eglise Gallicane. Gondi, évêque de Paris,
» ayant fait publier, dans toutes les paroisses,
» le décret du Concile auquel il avoit assisté,
» Richer en appela *comme d'abus.* Il présenta
» au sceau son relief d'appel : mais on lui re-
» fusa les lettres qu'il demandoit, sans avoir
» égard aux bonnes raisons qu'il alléguoit, en
» offrant de se justifier. La cabale étoit si forte,
» que le Parlement n'osa pas recevoir la re-
» quête que Richer avoit présentée pour de-
» mander à la Cour qu'il lui plût d'ordonner
» que ses lettres de relief d'appel fussent scel-
» lées. Du Perron étoit trop habile pour souffrir
» que le décret de son Concile provincial fût
» examiné au Parlement. L'avocat général Ser-
» vin n'auroit pas manqué de prouver au Car-
» dinal qu'il étoit lui-même un franc ignorant,
» ou bien un calomniateur malicieux, & un
» lâche flatteur du Pape ».

La prévention , l'animofité même de du Perron contre Richer eft un fait notoire, attefté par tous les auteurs. Si Richer avoit été entendu, il auroit récufé fans doute, & le préfident du prétendu Concile, & l'Evêque de Paris. Il n'y a pas de nation policée, où on livre un accufé à la partialité de Juges déclarés publiquement contre lui.

Richer dit, dans fon relief d'appel, que cinq des huit Cenfeurs n'avoient pas lu fon livre; qu'on l'eût appelé, il auroit pu demander refpectueufement à-tous les Prélats s'ils avoient examiné fon ouvrage avec affez de maturité pour porter un jugement. Pour l'honneur de l'Epifcopat, je veux croire que des Evêques affemblés en Concile n'auroient pas menti; qu'ils euffent avoué fincérement n'avoir pas feulement jeté les yeux fur ce livre : quel avantage pour l'accufé! Le livre a donc été cenfuré par huit des Evêques, dont deux étoient pleins de prévention & de haine contre l'auteur; & cinq autres n'avoient aucune idée du livre qu'ils flétriffoient.

Il n'exifte peut-être pas une feule cenfure doctrinale qui ne commence par l'invocation du faint nom de Dieu; elles font prefque toujours précédées d'une Meffe du Saint-Efprit. Ici rien de tout cela. Les Evêques ne font aucun

acte de religion ; auffi tout annonce-t-il l'ab-
fence de l'Efprit Saint. Ils l'ont appelé lorfqu'ils
n'en avoient plus befoin, & après avoir con-
fommé l'iniquité.

Au prétendu Concile provincial de Sens, la
brochure en joint un autre d'Aix, dont elle
rapporte ainfi le décret, page 13 :

Nous Paul, archevêque d'Aix ; Charles,
évêque de Riez ; Barthelemi, évêque de Fréjus ; Touffain, évêque de Sifteron, affemblés
en Synode provincial. A tous ceux qui ces préfentes lettres verront, Salut en notre Seigneur.

Après avoir lu & examiné attentivement le
livre qui a pour titre : De la puiffance eccléfiaftique & politique, imprimé à Paris en 1611,
fans nom d'auteur ni d'imprimeur, dans lequel
nous avons trouvé des propofitions, expofitions,
citations & doctrines fauffes, fcandaleufes, fchifmatiques, hérétiques, & qui fentent l'impiété ;
nous avons déclaré & déclarons ledit livre
digne de condamnation & de cenfure, & comme
tel, nous l'avons noté & condamné, notons &
condamnons ; défendant, fous peine d'excommunication, à tous les fideles dont le foin nous
eft commis, de retenir, lire ledit livre, ou de
s'en fervir ; & à tous Libraires & Imprimeurs
de le vendre, publier & retenir. Mandons en

outre à tous Prieurs, Curés, Recteurs & autres, ayant la charge d'ames dans notre province & nos Diocèses, qu'ils aient à notifier cette présente déclaration & censure, à la faire afficher aux portes de leurs Eglises, & à avertir le peuple qui leur est confié, desdites censure & condamnation. En foi de quoi nous avons appofé aux préfentes notre fignature & notre fceau. Donné à Aix, dans notre Synode provincial, le jeudi 24 mai 1612.

Voici l'hiftoire de ce prétendu Concile. C'étoit par ordre du Chancelier que le Cardinal du Perron avoit été obligé d'inférer dans fa cenfure la réferve des droits du Roi, & des libertés de l'Eglife Gallicane. Cette claufe déplut à la Cour de Rome, dont les intentions étoient par-là fruftrées ; car c'étoit précifément fur ces objets qu'elle entendoit faire porter la cenfure. Le Nonce chercha, pour l'intérêt du Pape, à fe procurer une autre cenfure pure & fimple, qui condamnât évidemment les maximes de la France. L'Archevêque d'Aix, Paul Hurault de l'Hôpital, promit de lui donner fatisfaction fur ce point. Dans cette vue, il quitta Paris, & fe rendit au plutôt dans fon Diocèfe, où avec trois de fes fuffragans il prononça la cenfure. Ils ofent fe dire provincialement af-

femblés. Où eft l'indiction de ce prétendu Concile ? Qu'on faffe voir que tous les Evêques de
la province ont été canoniquement appelés. L'Archevêque d'Aix a cinq fuffragans ; il n'y en
avoit que trois au prétendu Concile. Les Evêques
d'Apt & de Gap n'y étoient point, & n'y ont pas
été invités. On ne voit pas plus d'actes de religion que dans le prétendu Concile de Sens.

Mais ce qu'il y a de plus révoltant, c'eft que
les Evêques condamnent des propofitions effen-
tielles à l'indépendance de la Couronne, à la
fûreté de la perfonne du Roi, & les maximes
que l'Eglife de France a enfeignées dans tous les
temps. Une telle cenfure auroit dû être brûlée par
la main du bourreau, comme un ouvrage féditieux qui n'eft propre qu'à troubler la tranquil-
lité publique , & pernicieux à l'Eglife & à
l'Etat. On auroit dû punir les Prélats qui s'é-
toient portés à un tel excès. Les cenfures des
deux prétendus Conciles ne déshonorent que
les Evêques, & non celui dont ils ont voulu
flétrir la réputation.

A la publication de la cenfure dans tout le
Diocèfe d'Aix , l'Archevêque joignit celle de
la bulle *in cœna Domini*. Guillaume du Vair,
premier Préfident du Parlement, s'oppofa à cette
publication. La compagnie députa un de fes
membres en Cour, pour fe plaindre des entre-

prifes du Prélat. Richer appela comme d'a-
bus de la cenfure , & fit notifier fon appel
à l'Archevêque de retour à Paris ; mais il n'y avoit
point de Juftice en France pour Richer. Les oreilles n'étoient ouvertes que contre lui.

Les deux cenfures qu'on vient d'analyfer ne
forment pas feulement le plus petit préjugé
contre le livre de Richer. Il faut au contraire
que la doctrine en ait été bien pure , puifqu'on n'a pu parvenir à fa condamnation , qu'à
force d'intrigues, de manœuvres, & de dénis
de Juftice.

On exalte dans la brochure les ouvrages publiés contre ce livre par le P. Sirmond , les
DD. Duval, Durand & Pelletier. On ajoute
que ces ouvrages font demeurés fans réponfe.

Mais on a vu qu'il avoit été défendu à Richer ,
fous peine de la vie, de rien publier pour fa
juftification. Il fuffit d'ailleurs de jeter les yeux
fur un court extrait que le Mercure François
donne, Tom. II , pag. 308, des ouvrages de Pelletier , Durand & Duval. On fera indigné des
fauffes imputations , & des maximes erronées
dont ces ouvrages font remplis.

« Sachez , dit à Richer le Cardinal de Bonzi ,
» que le Roi & la Reine régente m'ont chargé
» aujourd'hui , comme ont fait auffi le Chan-
» celier

» celier & le Préfident Jeannin, de vous or-
» donner de demeurer en repos ; & de vous
» déclarer, que fi vous faites quelque chofe,
» foit pour la défenfe ou l'explication de votre
» livre, foit contre la cenfure des Prélats, ou
» même contre Duval & les autres qui ont
» écrit contre vous & votre livre, on procé-
» dera en votre endroit comme criminel de
» lèze-majefté, fans avoir aucun égard au ca-
» ractere de votre prêtrife. Prenez bien garde
» qu'il ne paroiffe rien d'imprimé ni en France,
» ni en Hollande, ni en Allemagne, ni à Ge-
» nève, ni ailleurs, fous quelque nom d'auteur
» que ce puiffe être pour la défenfe de votre
» livre, parce qu'on ne s'en prendra qu'à vous,
» & que vous ferez feul obligé d'en répondre.
» Votre appel comme d'abus a tellement aigri
» la Reine, les Miniftres & le Confeil du Roi,
» que peu s'en eft fallu qu'on ne vous ait fait
» arrêter. Un prêtre comme vous doit prendre
» garde de ne point former un fchifme dans
» l'Eglife. On fait fort bien par qui vous avez
» été excité à faire tout ce que vous avez fait,
» & on n'en ignore pas les motifs. Tout mou-
» vement eft à craindre pendant la minorité du
» Roi. La Reine régente veut avoir la paix
» avec tout le monde. Si elle eft fi exacte à don-

défenfe de Richer

» ner toute la satisfaction possible à une aussi pe-
» tite & aussi foible république qu'est celle de
» Genève, pour la retenir dans l'union; com-
» bien à plus forte raison doit-elle s'intéresser
» à rendre content un aussi grand & aussi puis-
» sant Monarque qu'est le Pape; un Souverain,
» lequel, outre le Royaume spirituel qui lui
» donne une puissance absolue sur tous les Chré-
» tiens, a encore une principauté temporelle
» d'une grande étendue, où il dispose de plus
» de soixante Evêchés, qu'il confère de plein
» droit ».

L'auteur de la brochure atteste lui-même
cette défense faite à Richer de rien écrire;
cette déclaration qu'on le rendroit garant de
tout ce qui seroit publié en sa faveur, même
en pays étrangers. Il se prévaut cependant de
ce que Richer n'a pas répondu. Où est le bon
sens? Il est étouffé par la fureur.

« Louis XIII, ajoute la brochure, fut aussi
» indigné de l'écrit de Richer, que le Pape &
» les Evêques. On s'apperçut bientôt que ce
» Docteur, sous prétexte de réduire la puissance
» du Pape aux bornes les plus étroites, éta-
» blissoit des principes généraux qui anéantis-
» soient totalement l'autorité monarchique,
» principes qui étoient précisément les mêmes

» que ceux de la ligue dont les féditieux s'é-
» toient fervis pour armer Jacques Clément d'un
» poignard contre Henri III , & pour attaquer,
» dans leurs écrits & leurs difcours Henri IV
» & le pouvoir légitime de nos Rois ».

Lors de la publication du livre de Richer
en 1612, Louis XIII avoit environ onze ans.
Il étoit fous la tutele de Marie de Médicis fa
mere, Princeffe Italienne, dévouée à la Cour
de Rome. Que le livre ait été condamné pour
l'intérêt de l'Etat, à qui le perfuadera-t-on ? Ce
ne font pas les principes de Richer qui ont
armé les ligueurs contre Henri III. C'eft précifément la doctrine qu'il combattoit, qui donnoit au Pape le droit de difpofer des couronnes, & de dépofer les Souverains qui deve-
noient tyrans lorfqu'ils attaquoient la Religion.
Eft-ce pour l'intérêt de l'Etat que le Cardinal
du Perron pourfuivoit avec tant de chaleur Richer
& fon livre, lui qui a eu la hardieffe de répéter
plufieurs fois à la Reine & aux autres Miniftres
que fi le Pape ne pouvoit pas, tout l'état du
Roi deviendroit incertain ; puifque c'étoit lui
qui avoit accordé la difpenfe pour le mariage
d'Henri IV. Le feul crime de Richer, c'eft
d'avoir combattu la monarchie abfolue du Pape,
foutenue alors par prefque tout le Clergé de

France. Est-ce par-là qu'il seroit devenu mauvais citoyen, ennemi de sa patrie ?

« Le Cardinal de Richelieu, au génie du-
» quel rien n'échappoit, (c'est toujours la bro-
» chure qui parle) prévit que le livre de Ri-
» cher, quoiqu'il ne contînt que des conséquences
» qui n'affectoient directement & en apparence
» que le Gouvernement ecclésiastique, pourroit
» un jour être employé contre le Gouvernement
» politique, par l'application qu'on pourroit
» s'aviser d'en faire à la constitution de l'Etat,
» ce qui étoit le germe d'une révolution re-
» doutable ; Richelieu s'effraya donc sur les
» suites du Richérisme. En conséquence il
» fut résolu de sévir contre l'auteur. La Cour
» ordonna à la Faculté de Théologie de Paris
» de déposer juridiquement Richer du syndi-
» cat, & de procéder à l'élection d'un nouveau
» Syndic ».

Il résulte de-là que, suivant l'auteur, les
Lettres-Patentes du 27 Août 1612, qui ont
ordonné l'élection d'un nouveau Syndic, ont été
expédiées pendant le ministere & par l'autorité du Cardinal de Richelieu. L'anacronisme
est un peu fort. Richelieu a été fait secrétaire
d'Etat le 30 Novembre 1616, & ce n'est qu'en
1624 qu'il est devenu principal Ministre.

C'eſt en 1629 pour la premiere fois qu'il a commencé à perſécuter Richer publiquement. On verra dans un moment que le public n'eſt entré pour rien dans ſa conduite à cet égard.

On ſe fait encore un argument contre Richer de ce que le Parlement a refuſé de recevoir ſon appel comme d'abus des deux prétendus Conciles de Sens & d'Aix.

On en ſait la raiſon. Le premier Préſident de Verdun déclara qu'il y avoit défenſes préciſes de la Reine régente de répondre la requête de Richer. Il en fut récompenſé par une forte penſion. M. Courtin, Doyen de la grand'chambre, chargé de faire le rapport de la requête & des pièces de Richer, fut les porter à la Reine qui les remit au Nonce du Pape. Il reçut, pour prix de ſa baſſeſſe, une place de Conſeiller d'Etat, & une penſion de deux mille livres.

On en a dit aſſez pour écarter les deux cenſures épiſcopales. Elles n'ont imprimé aucune tache ſur la perſonne & le livre de Richer. Il n'a pas été plus déshonoré par ſa dépoſition du ſyndicat.

Dépoſition de Richer du ſyndicat.

On a vu combien de brigues avoient été employées avant la cenſure pour faire dépoſer Richer du ſyndicat. Elles ont recommencé auffitôt après. On les renouvela dans le mois d'Avril, pour que la dépofition fût prononcée le 1er Mai. On fut obligé de différer, parce qu'on n'avoit pas encore eu affez de temps pour faire venir des provinces des Docteurs qu'on avoit mandés. Mais, le premier Juin, tout étant préparé pour le fuccès de l'intrigue, on la fit éclater.

François de Harlai, abbé de Saint-Victor, propofa d'élire un fyndic, pour inftruire les nouveaux Docteurs, & pour faire obferver la difcipline de la Faculté. Richer rempliffoit depuis affez long-temps la place de fyndic. Il falloit le remercier ; mais il étoit de l'intérêt de la Faculté d'avoir en même-temps plufieurs Docteurs verfés dans les affaires, & qui connuffent fes regles & fes ufages. Si Richer venoit à mourir, il n'y auroit plus aucun autre Docteur qui fût inftruit de fes affaires. L'Abbé de Saint-Victor a demandé auffi, que pour laiffer la liberté des fuffrages, Richer, qui étoit préfent, fût tenu de fe retirer.

Nicolas Roguenant, Doyen de la Faculté, dit qu'il n'avoit jamais vu d'affemblée fi nombreufe ; que la Faculté ne pouvoit conferver fa dignité, à moins que tous les autres Docteurs ne fe réuniffent dans des fentimens de paix & de concorde ; que la place de fyndic n'avoit

jamais été bornée à un certain nombre d'années ; que jamais il n'y en avoit eu aucun déposé, à moins qu'il ne se fût démis lui-même,
ou qu'il n'eût mérité la déposition. Richer étoit
bien loin d'être dans ce cas, lui qui avoit rendu
les plus grands services à l'Université entiere,
& singuliérement à la Faculté de Théologie,
n'ayant rien négligé pour la maintenir & la
défendre contre les attaques de ses ennemis.
En conséquence il falloit plutôt penser à
lui rendre graces qu'à le déposer. La proposition qu'on vient de faire est contraire à l'u-
sage immémorial, & aux décrets de la Faculté,
qui n'a jamais fixé le temps du syndicat. Il
n'y a point de cause de déposition. Personne
n'accuse même le syndic. Le Doyen a conclu
de-là qu'il ne pouvoit pas mettre en délibération
la proposition faite par l'Abbé de Saint-Victor.

Richer a dit d'abord quelque chose de sa
promotion au syndicat, & de toutes les peines
& les soins qu'il s'étoit donnés pour maintenir les anciennes regles, la discipline & l'honneur de la Faculté. Il a ajouté qu'il soumettoit
son livre à son examen, *adjunxit se librum suum*
de Ecclesiasticâ & Politicâ Potestate examini &
censuræ Sacræ Facultatis subjicere. S'il s'y trouvoit quelques erreurs, il étoit prêt à les effa-

cer publiquement, non avec sa plume, mais par ses larmes. *Paratum esse non tantùm calamo, verùm etiam lacrymis, si quos in eo errores contraxerit palam delere.*

Il s'est opposé à ce qu'on délibérât sur la proposition de l'Abbé de Saint-Victor. Il a remis au Doyen l'acte de son opposition ainsi conçu. Il a requis qu'on lui donnât acte de la réponse du Doyen & de son opposition.

Voilà tout ce que porte la conclusion dressée le premier Juin, à laquelle est annexé l'acte d'opposition, remis au Doyen (1).

Rien n'auroit constaté cette opposition, dont il n'avoit pas été donné acte. Il falloit d'ailleurs établir ce qui s'étoit passé dans l'assemblée, & à cet effet Richer manda deux Notaires. L'acte par eux dressé se trouve entier à la fin du second volume de la défense du livre de Richer composé par lui-même, imprimé à Cologne en 1701. Il a d'abord remis au Notaire l'acte d'opposition par lui formée, & qu'il a bis laissé entre les mains du Doyen. Il y paroît ainsi :

« Maître Emond Richer, Docteur & Syndic » la Faculté de Théologie en l'Université de

____

(1) *Collectio judiciorum de novis erroribus,* Tom. II. P. 52.

» Paris, dit pour réponse à la proposition faite
» par Maître François de Harlai, Abbé de
» Saint-Victor, qu'il prend un chacun à té-
» moin en quelle recommandation il a tou-
» jours eu l'honneur & la dignité de la Fa-
» culté, & de quel soin & diligence il
» a contribué pour retenir & vendiquer l'an-
» cienne doctrine & discipline d'icelle, la
» haine & les inimitiés qu'il s'est conciliées pour
» la défense de l'Université contre ceux qui ne
» s'étudient qu'à la ruiner. Qu'il n'a jamais
» desiré, ni recherché la charge de Syndic ;
» au contraire, s'est plusieurs fois excusé de l'ac-
» cepter jusques en l'an mil six cent huit, qu'il
» en fut instamment requis, tant par ladite Facul-
» té, que par Maitre Roland Hebert, pénitencier
» de l'Eglise de Paris, lors Syndic, dont font
» foi les conclusions des second & quinzieme
» Janvier mil six cent huit ».

« Que de temps immémorial on a prati-
» qué deux choses au fait de la charge de
» Syndic : la premiere, que l'exercice d'icelle
» n'a jamais été défini ni limité à aucun temps,
» soit par les statuts de la Faculté, ou par les
» actes des élections faites selon les occur-
» rences. La seconde, qu'il est inouï qu'on ait dé-
» posé aucun Syndic, s'il n'a requis être déchargé,

» ou commis quelque faute digne de dépoſi-
» tion ; que l'élection, qui a été faite dudit Ri-
» cher, eſt indéfinie & ſans limitation de temps,
» comme toutes les précédentes ; quant à l'e-
» xercice, depuis qu'il eſt en charge, il ne
» penſe pas qu'il lui ſoit rien échappé qui
» mérite ou blâme, ou dépoſition ».

« Qu'il reſpecte & honore la Faculté comme
» ſa mere, & lui défere tant que pour rien
» du monde il ne lui voudroit déſobéir, tant
» s'en faut que contre ſon bon plaiſir il vou-
» lût retenir & exercer la charge de Syndic :
» mais il fait bien, & eſt choſe conſtante
» & notoire à tout le monde, que la propo-
» ſition faite contre lui ne procéde de la
» Faculté, ains de quelques ennemis particu-
» liers qu'il a, & autres perſonnes qui ſont
» déplaiſantes ; que l'Univerſité ſubſiſte contre
» les efforts de ceux qui ſément les diviſions
» & partialités entre les Docteurs de la Fa-
» culté, afin d'effectuer plus facilement leurs
» deſſeins en icelle ».

« Que l'ouverture de dépoſer ledit Richer
» ne ſe fait à autre fin que pour le noter
» d'infamie, ſous prétexte de ladite dépoſition ;
» ce que prévoyant, il eſt réſolu ſouffrir plu-
» tôt toutes extrémités, que conſentir à une

» déposition ignominieuse, & qui n'a pour
» cause & pour fondement que la malveil-
» lance de ses ennemis ».

« Partant, ledit Richer déclare qu'il s'op-
» pose formellement à ce qu'il ne soit déli-
» béré sur la proposition faite par Messire Fran-
» çois de Harlay, Docteur en Théologie, &
» Abbé de Saint-Victor, & à ce qu'elle ne
» soit proposée par Maître Nicolas Roguenant,
» Doyen, ou autres, pour être mise en déli-
» bération; prend à partie, en leurs propres
» & privés noms, ledit sieur de Harlay qui
» a fait ladite proposition, & ledit Nicolas
» Roguenant, en cas qu'il la mette en déli-
» bération ; demande acte, tant de ladite pro-
» position, de sa réponse, que de son oppo-
» sition, pour moyens de laquelle opposition
» il emploie ce qui est contenu ci-dessus,
» & l'arrêt du premier Février 1612, par le-
» quel la Cour a ordonné surséance de toute dé-
» libération touchant le livre *de Ecclesiasticâ*
» *& Politicâ Potestate.* Fait cejourd'hui premier
» jour de Juin mil six cent douze, en la grand'salle
» du Collége de Sorbonne en la congrégation
» cejourd'hui faite par les Docteurs de ladite
» Faculté de Théologie en la maniere accou-
» tumée. Ainsi signé Richer, & au-dessous est

» écrit : le préfent a été paraphé & figné des
» Notaires fouffignés, cejourd'hui premier Juin
» mil fix cent douze, fuivant certain acte
» paffé pardevant eux lefdits jour & an ;
» ainfi figné de Beaumont & Perier ».

Dans l'acte dreffé par les Notaires en la
falle de Sorbonne, on voit les noms de tous
les Docteurs qui compofoient l'affemblée, au
nombre de 69. Richer a requis les Notaires
de faire lecture de fon acte d'oppofition qu'il
venoit de leur remettre. Après cette lecture
les Notaires fe font retirés, pour laiffer délibérer. Eux rentrés, & en leur préfence, Richer
a demandé acte de fon oppofition. Nicolas
Roguenant, Doyen, a répété ce qu'il avoit déja dit, qu'il étoit inoui qu'on eût dépofé un
Syndic qui n'avoit pas mal verfé; & que, par
cette raifon, il n'avoit pû mettre en délibération la propofition faite par l'Abbé de Saint-
Victor. Sur ce propos 43 Docteurs, tous dé-
fignés par leurs noms, ont dit « qu'ayant été
» empêchés de délibérer & dire leurs fuffra-
» ges fur la propofition faite par ledit fieur
» de Harlay pour le fait de l'élection & nomina-
» tion d'un autre Syndic au lieu dudit Richer,
» felon le pouvoir & autorité de ladite Faculté,
» tant par l'oppofition dudit Richer, que pour

» le refus fait par ledit Roguenant, féant pour
» le Doyen, de faire icelle propofition &
» de la mettre en délibération, recueillir les
» voix & fuffrages de ladite affemblée, ainfi
» qu'il eft accoutumé : c'eft pourquoi ont fait
» réponfe, que, nonobftant le dire dudit Ro-
» guenant, & l'oppofition dudit Richer, ils
» ne délaifferont de délibérer fur la propofi-
» tion faite par ledit fieur de Harlay, & par
» même moyen en adviferont, & fi elle
» eft conforme aux ftatuts & décrets de la-
» dite Faculté, pour fur ce faire ce que de
» raifon ».

« Et par les autres Docteurs ci-devant nom-
» més, reftans des Docteurs affemblés audit
» jour & lieu, (au nombre de 25) a été
» déclaré avoir trouvé les raifons alléguées par
» ledit fieur Roguenant, Doyen, valables & fuf-
» fifantes, après l'oppofition formée par ledit
» fieur Richer Syndic, & difent n'avoir pour
» agréable que à la fuafion de Me André
» Duval, l'un defdits Docteurs, Me Joachim
» Forgemont fe foit efforcé, en préfence du-
» dit fieur Roguenant Doyen, de tenir la place
» décanale, fi les deffusdits reftans ne
» l'euffent empéché, déclarant pour eux ne
» pouvoir délibérer après l'oppofition faite fur

» ladite proposition dudit sieur de Harlay, &
» les raisons déduites ci-dessus par ledit Rogue-
» nant, Doyen ».

« Après laquelle réponse, ledit Forgemont
» a dit qu'il n'a occupé la place de sous-Doyen,
» de son autorité ; mais voyant que ledit sieur
» Roguenant Doyen ne vouloit mettre en
» délibération ladite proposition dudit sieur
» de Harlay, convié de ce faire par une par-
» tie de ladite assemblée, comme étant l'an-
» cien après ledit sieur Doyen, se seroit mis
» près ledit sieur Roguenant, pour recevoir
» l'avis & suffrage de ladite assemblée, selon
» la forme ordinaire, dont il a été empêché ;
» & pour le regard dudit sieur Duval a dit,
» qu'il n'avoit suadé ledit sieur Forgemont
» de prendre ladite séance, ains que ledit
» Forgemont en avoit été prié par aucuns de
» ladite assemblée ». L'acte a été signé par cinquante-trois Docteurs, les autres s'étant retirés après leur déclaration.

Richer a déclaré ensuite aux Notaires, que,
pour le refus fait de lui donner acte de son
opposition, & d'y déférer, il se porte appelant comme d'abus de tout ce qui se fera outre
& au préjudice de ladite opposition ; protestant

de faire casser & révoquer le tout comme attentat.

Voilà le récit exact de ce qui s'est passé le premier Juin. La fermeté de Richer a déconcerté ses adversaires; mais ils n'ont pas lâché prise. L'abbé de Saint-Victor porta à Fontainebleau la copie de l'acte que Richer avoit fait dresser par les Notaires, accompagné de trois Docteurs des plus déclarés contre le Syndic. Ils furent reçus assez froidement. Quelques jours après, le Chancelier écrivit aux gens du Roi. Il les chargeoit d'appaiser les troubles de Sorbonne, & d'ordonner à Richer de ne point poursuivre son appel comme d'abus. Sur leur réquisitoire, il y eut arrêt le 1er Juillet, qui ordonna que Voisin, un des quatre secrétaires de la Cour, se rendroit en Sorbonne le jour de la première assemblée. Il y fut en effet le trois de ce mois. Il ordonna, de la part du Parlement, qu'on ne parlât point de l'élection d'un autre Syndic, & qu'on appaisât les troubles qui s'étoient élevés à ce sujet. La Faculté obéit avec d'autant moins de répugnance, que la Reine régente avoit donné de pareils ordres à l'Abbé de Saint-Victor.

Le 1er Août il ne put pas encore y avoir d'élection. La veille, 31 Juillet, un huissier du

Conseil vint notifier au Doyen, de la part du Roi, des defenses d'y procéder.

On espéroit que Richer se lasseroit ; mais son courage étant invincible, on en vint enfin à la violence. Elle éclata par des Lettres-Patentes du 27. Août 1612, qu'on trouve dans le Mercure François, Tom II, p. 488. Elles sont adressées à deux huissiers du Conseil. Le Roi y dit qu'il a eu connoissance de l'acte dressé en Sorbonne par les Notaires le 1er Juin, & des opposition, protestation & appel de Richer. Désirant mettre fin aux troubles qui se sont élevés dans la Faculté de Théologie, il ordonne qu'en la prochaine assemblée de ladite Faculté il sera procédé à l'élection d'un Syndic à la place de Richer, pour exercer cette charge pendant le temps qui sera avisé en ladite assemblée. Il est enjoint au Doyen de recueillir les suffrages à cet effet, nonobstant toutes oppositions faites ou à faire, ou appellations quelconques.

Le procès-verbal dressé par les deux huissiers est à la fin du second volume de la défense du livre de Richer, imprimé en 1701. Ils attestent l'obéissance de la Faculté, qui a élu pour Syndic Jean Filesac, Curé de Saint-Jean en Grève.

On trouve aussi au même endroit la con-

clusion

clufion du même jour 1er Septembre. On y rend
compte d'abord de la fignification des Lettres-
Patentes, qui ordonnoient l'élection d'un nouveau Syndic. On ajoute que Richer a lu un
écrit-apologétique de fa conduite, dont il a
remis une copie au Doyen Roguenant. On
a délibéré enfuite fur l'élection du nouveau Syndic. Prefque tous les Docteurs ont été d'avis
qu'on remerciât Richer de tout le bien qu'il avoit
fait pendant fon fyndicat : *ea quidem pene omnium fententia fuit, ut gratias agendas cenferent
ipfi Magiftro noftro Emundo Richer, ob res præ-
claré in fyndicatu geftas.* A l'exception de fon
livre, *excepto libro cui titulus de Ecclefiafticâ
& Politicâ Poteftate.*

Et auffi à l'exception de l'écrit apologétique
dont il venoit de faire lecture, que la Faculté
improuve, & qu'elle lui défend de publier,
à peine d'être rayé du catalogue des Docteurs.

On parle enfuite, dans la conclufion, de l'é-
lection de Filefac. Le furplus eft indifférent.

A la conclufion eft joint cet écrit apologétique blâmé par les Docteurs. Richer y dit
« que la Reine régente, qui aime la juftice,
» ne peut approuver qu'on le dépofe de fa charge
» de Syndic qu'il exerce depuis quatre ans &
» demi avec une telle fincérité, intégrité

» & diligence, que ſes ennemis mêmes en
» ont rendu témoignage honorable par la bouche
» de celui qui fit la propoſition en l'aſſemblée
» du 1er Juin dernier. Sa dépoſition eſt ordonnée
» contre l'uſance & coutume de tout temps
» obſervée en la Faculté, ſans avoir gardé les
» formes ordinaires, ſans plainte, ſans cauſe,
» ſans qu'il y ait été oui ni appelé, qui eſt
» à dire, en un mot, contre la loi divine &
» naturelle, qui improuve qu'aucun ſoit con-
» damné ſans être préalablement oui ».

« Eſt croyable que cette ordonnance a été
» extorquée par l'importunité extraordinaire de
» ſes ennemis, qui, après avoir jetté des ſe-
» mences de diviſion en la Faculté, pratiqué
» tous moyens & toute ſorte de brigues hon-
» teuſes pour le dépoſer depuis ſept mois par
» la voie de la Faculté, voyant leurs brigues
» & factions découſues, éventées & blâmées
» d'un chacun, ils ont eu recours à ce der-
» nier expédient pour effectuer le deſſein de
» ſa dépoſition concerté & réſolu entr'eux de
» longue main, tant la haine qu'ils lui por-
» tent eſt grande & implacable ».

Richer attribue à quatre cauſes cette haine
dont il eſt la victime.

» La premiere eſt qu'incontinent après le

» parricide exécrable commis en la perſonne
» du feu Roi Henri-le-Grand, lui, qui répond
» déſireux ſelon le dû de ſa charge, pourvoir
» à la conſervation des perſonnes ſacrées de
» nos Rois, voyant qu'en vingt ans, outre plu-
» ſieurs attentats, l'on avoit ravi deux Prin-
» ces à la France, il procura, en la Faculté
» de Théologie, la cenſure de la doctrine dia-
» bolique qui autoriſe les aſſaſſins, enſuite de
» laquelle cenſure, le livre abominable de Jean
» Mariana fut publiquement brûlé par arrêt
» de la Cour du Parlement du 8 Juin 1610 ».

Les autres cauſes de haine contre Richer
ſont ſa conduite lors de la Thèſe ſoutenue au
chapitre général des Dominicains, & tout ce
qu'il a fait pour défendre, contre les Jéſuites,
l'Univerſité & ſon ancienne doctrine.

Il parle enſuite de ſon livre *de Ecclefiaſticâ
& Politicâ Poteſtate.* « Il l'a toujours ſoumis, &
» le ſoumet encore à la cenſure de l'Egliſe
» catholique, apoſtolique & romaine, & de
» la Faculté de Théologie, qu'il reſpecte &
» honore comme ſa mere, & ne deſire rien
» tant qu'il ſoit examiné par perſonnes capa-
» bles, non ſuſpectes de faveur ou de haine,
» ni intéreſſées en la doctrine contraire ; &
» déclare d'abondant, comme il a fait ailleurs,

» qu'il eſt prêt rendre raiſon de la doctrine
» contenue en icelui , & juſtifier qu'elle eſt
» véritable & orthodoxe par auteurs auto-
» riſés & non cenſurés, qui ont écrit aupa-
» ravant les diviſions ſurvenues en l'Egliſe ſur
» le ſujet de la Religion depuis cent ans ».

Si l'on prend pour prétexte de ſa dépoſition
la prétendue cenſure intervenue contre le traité
de Eccleſiaſticâ & Politicâ Poteſtate, il main-
tient qu'elle eſt nulle, ayant été faite à la ſol-
jicitation de monſieur le Nonce du ſaint Pere,
contre les formes preſcrites par les ordonnances,
ſans l'ouir, ni appeler, & ſans que l'on ait
dûment examiné ledit traité, ni cotté particuliérement ce qui peut-être ſujet à cenſure en
icelui, ſoit au ſens ou aux paroles : au contraire, par une exception vague des droits du
Roi & liberté de l'Egliſe Gallicane, l'on a
excepté ce que l'on condamne, & condamné
ce que l'on excepte.

D'ailleurs , ayant interjetté appel comme
d'abus de ladite cenſure, & préſenté ſon relief à la Chancellerie, contenant aucune des
nullités qui s'y remarquent, ledit relief a été
refuſé ſur le ſceau ; c'eſt pourquoi il s'eſt pourvu
par requête à la grand'chambre du Parlement,
afin d'être tenu pour bien relevé , où, ayant ob-

tenu le confentement de monfieur le Procureur-général du Roi, il n'a été en fon pouvoir,
quelque inftance & pourfuite qu'il ait faite, d'a-
voir juftice, ni d'être ouï, pour éclaircir un
chacun de la fincérité de fes intentions & de
la vérité de fon écrit, même au lieu de recevoir & juger fon appel, ou lui laiffer la liberté de défendre fon honneur & les propofitions rapportées en fon écrit, fes ennemis,
contre tout droit divin, naturel & humain, lui
ont fait faire défenfes d'écrire pour la vérité
de la doctrine de l'école de Paris, des libertés
de l'Eglife Gallicane, & des droits & autorité fouveraine du Roi ; de forte que, par ce
monopole, l'ancienne doctrine demeurant en-
fevelie, & ne fe traitant plus en l'école ni par
les Docteurs particuliers, il arrivera en bref
que le Roi & fes magiftrats, qui voudront maintenir la police de France, fondée fur cette doctrine, feront réputés tyrans, comme défendant une chofe condamnée.

Quelque chofe qui lui puiffe arriver, il déclare & protefte vouloir mourir enfant très-
humble & très-obéiffant de l'Eglife catholique,
apoftolique & romaine, fujet & ferviteur du
Roi & de la Reine, afferteur de la vérité,

& ancienne doctrine de la Faculté de Théologie de Paris, &c.

Richer finit, en demandant acte de ce que
dessus à ce qu'il soit connu par la postérité
qu'il est déposé sans cause, à la poursuite
& sollicitation de monsieur le Nonce de sa Sainteté, des Jésuites & leurs confidens, afin que
l'arrêt intervenu pour l'Université contre lesdits
Jésuites demeure sans effet, proteste de nullité de tout ce qui se fait contre lui, sans qu'il
ait été ouï, & persiste en l'appel comme d'a-
bus par lui interjetté de la prétendue censure
faite de son écrit, espérant que son innocence
& droite intention seront un jour connues, &
que Dieu lui fera la grace d'être ouï en ses
justes défenses.

La conclusion dressée en Sorbonne le 1er Septembre devant être relue le 1er Octobre, il
y eut encore à ce dernier jour de grands troubles dans la Faculté. La conclusion du 1er Octobre est à la fin du second volume de la défense du livre de Richer, imprimé en 1701.
Il y est dit, qu'après la relue de la conclusion du 1er Septembre, Richer a présenté le
même écrit apologétique qu'il avoit déja lu
& remis dans l'assemblée du 1er Septembre,
& il en a demandé acte. Il y a joint diffé-

rentes proteſtations, appellations & récuſations, auxquelles la Faculté n'a rien répondu. On a voulu faire ſortir Richer, qui ne devoit pas naturellement être préſent lorſqu'on délibéroit à ſon ſujet. Il a refuſé de ſe retirer, ſous prétexte de ſes appellations & proteſtations. L'affaire miſe en délibération, il a été décidé qu'il ſe retireroit. Il a perſiſté à le refuſer, & dans le fait il eſt demeuré préſent à l'aſſemblée.

La Faculté a confirmé ſa concluſion du 1er Septembre, comme ayant été faite en vertu des letres du Roi, *utpote factam in vim edicti Regii.*

C'eſt tout ce que porte la concluſion du 1er Octobre. Enſuite ſont les actes lus alors par Richer.

Par un premier, il déclare ne pouvoir approuver la concluſion du 1er Septembre, en deux chefs : Le premier, que des remercîmens qu'on lui avoit faits de la maniere dont il avoit exercé la fonction de Syndic, on avoit excepté ſon livre *de Eccleſiaſticâ & Politicâ Poteſtate*. Il fait valoir ſur ce point pluſieurs raiſons. Il ſoutient que cette exception n'a pas été réſolue par la plus grande & ſaine partie des Docteurs qui aſſiſterent à l'aſſemblée dudit premier Septembre, ni prononcée & conclue par Me Nicolas

Roguenant, lors féant en la place du Doyen, comme plus ancien de ladite Faculté.

Le fecond chef, qui bleffe Richer dans la conclufion du 1er Septembre, eft la défenfe qui lui eft faite de publier fa proteftation contre les Lettres du Roi qui ordonnoient l'élection d'un nouveau Syndic. On a bleffé par-là le droit divin & naturel, qui permet à toute perfonne offenfée de déduire fes griefs, & de défendre fon honneur avec la modération requife.

Sur ces moyens, il protefte de nullité de la conclufion du 1er Septembre, fomme & interpelle les Doyen & Docteurs de lui en faire délivrer copie, pour fe pourvoir ainfi qu'il avifera bon être. Il protefte de nullité de tout ce que Filefac a requis contre lui, le 1er Septembre, & de tout ce qu'il pourra requérir à l'avenir, attendu que ledit Filefac s'eft déclaré fon ennemi perfonnel.

Par un fecond acte, Richer prend tout le monde à témoin des déportemens extraordinaires & étranges avec lefquels fes ennemis ont tâché lui ravir fon honneur depuis huit ou neuf mois, & de la modération qu'il a oppofée à leurs calomnieufes imputations.

La réponfe & proteftation qu'il a faites dans

l'affemblée du 1er Septembre contre les Lettres Patentes du Roi eft une modérée , raifonnable & néceflaire juftification de fon honneur. Il y perfifte. Il eft réfolu perdre plutôt la vie que de la défavouer ou de s'en défifter. Il s'oppofe à ce qu'on délibere fur la propofition faite par Filefac, & demande afte de fon oppofition.

Pour conftater la préfentation de ces actes, Richer a mandé deux Notaires, qui en ont fait la lecture. Il leur a démandé afte de l'appel comme d'abus qu'il interjettoit de tout ce qui feroit fait au préjudice de fon oppofition ; il leur a remis un cahier contenant fes récufations contre un grand nombre de Docteurs. Les Notaires n'ont pû en faire lecture , à caufe du grand bruit qu'il y avoit alors dans la Faculté.

Voilà l'hiftoire exacte de la dépofition de Richer du fyndicat. Il n'y a qu'un forcéné, tel que l'Auteur de la brochure, qui puiffe en tirer des conféquences à fon défavantage. Ce n'eft pas fur lui que retombe la honte de cet événement ; c'eft fur la Faculté elle-même. Malgré toutes les manœuvres employées contre Richer , malgré l'animofité du plus grand nombre des Docteurs qu'on avoit aigris contre lui, on n'ose pas encore le déposer, sans le remercier de tout le bien qu'il a fait à la Faculté pendant son syndicat. La restriction à ces actions de graces, les reproches qu'on lui fait, se bornent à la composition de son livre de la Puissance ecclésiastique & politique, & à l'écrit justificatif dont il vient de faire lecture. On sent la valeur de telles inculpations en pareilles circonstances. Le premier Octobre on relit & on confirme la conclusion du 1er Septembre. Est-ce parce que Richer a mérité la déposition ? Non. C'est parce qu'elle a été faite en vertu des ordres du Roi. Est-ce ainsi qu'on se seroit expliqué, si Richer avoit été chargé de crimes, ou au moins de délits & de fautes qui eussent fait désirer un autre Syndic ? On reconnoît au contraire les services qu'il a rendus.

On propose contre lui deux sujets de blâme qui se réduisent à rien. Il a d'ailleurs appelé des deux conclusions du 1er Septembre & du 1er Octobre. Il a protesté contre tout ce qui se faisoit. Il ne lui a pas été possible de suivre son appel, parce que tous les tribunaux lui étoient fermés. Richer n'a jamais été jugé & condamné réguliérement. Il a été continuellement opprimé par les deux Puissances. On devroit tâcher d'effacer de notre histoire sa déposition du

syndicat, & non en argumenter contre sa mémoire.

Il reste encore un dernier trait de sa vie à
examiner. Il a eu, dit ironiquement la brochure, le bonheur de se rétracter. Voyons ce
qui s'est passé à cet égard.

Rétractation de Richer.

Il semble que la haine des ennemis de Richer devoit être satisfaite, lorsqu'ils l'ont vu déposé du syndicat. Il n'en a pas été cependant plus
tranquille. La persécution n'en a été que plus
vive contre lui. C'est qu'on n'en vouloit à sa
personne qu'à cause de sa doctrine. Ce sont
des maximes par lui établies, sur la ruine des-
quelles on auroit voulu élever les erreurs contraires. Il se tint, dit Baillet (Liv. III, n. 1.),
un conseil secret de plusieurs Prélats chez le
Cardinal du Perron. Il y fut résolu d'employer
toute sorte de moyens pour exterminer cette
doctrine, à laquelle on commença à donner le
nom de Richérisme ; on y résolut même de
ruiner la Sorbonne & toute la Faculté de Théologie, si l'on ne pouvoit autrement éteindre
cette doctrine; on devoit employer à cette belle
œuvre les deniers du Clergé, pour indemniser

les Docteurs qui entreroient dans le complot, comme l'Abbé de Saint-Victor, Duval, Filefac, auxquels on promit d'ailleurs les plus gros bénéfices. Il y fut encore convenu d'exclure de la prédication, de la confeffion, & de toute place, les Docteurs attachés aux fentimens de Richer.

Par fuite de la haine conçue contre lui, on attenta fur fa vie. Peu s'en fallut qu'il ne fût envoyé à Rome, & livré à l'inquifition. Il fut mis dans la prifon de Saint-Victor, d'où le Parlement le fit fortir. On lui refufa les Sacremens. Il fut déchiré dans toutes les chaires. Il n'y a pas de mauvais traitement qui lui ait été épargné. On efpéroit, par ces véxations de tout genre, arracher de lui une rétractation de fon livre, & l'affertion des principes oppofés.

Cet homme, auffi humble que courageux, crut devoir fe précautionner contre la foibleffe humaine : dans cette vue il dreffa une efpece de teftament fpirituel, qu'il commença le 22 Novembre 1613, qu'il confirma & retoucha en différens temps, & dont la derniere date eft du 24 Décembre 1629. Il y parle de l'acharnement du Cardinal du Perron contre lui ; de la défenfe que lui fit le Cardinal de Bonzi d'é-

crire pour fa propre défenfe, fous peine de
la vie, & des autres perfécutions de toute efpece, qu'il pardonne à ceux qui les lui ont fait
fouffrir. Il y expofe les motifs qui l'ont engagé
à compofer & à foutenir fon livre. Cette piéce,
d'un bout à l'autre, refpire la piété la plus tendre, & le zele ardent d'un Docteur difpofé à
foutenir la vérité aux dépens de tout.

Le Docteur André Duval, l'ennemi le plus
déclaré de Richer, avoit feint de fe réconci-
lier avec lui, & le preffoit, depuis long-temps,
d'expliquer quelques-unes des propofitions de
fon Livre. C'étoit un piége qu'il lui tendoit. Le
premier Janvier 1620, Henri de Gondi, Evêque de Paris, devenu Cardinal de Retz, manda
Duval, Gamaches & Hebert, pour conférer
fur ce qu'il y avoit à faire au fujet de Richer.
Duval dit qu'il falloit l'empêcher d'expliquer
aucune propofition de fon livre ; qu'il fuffifoit
de lui demander une déclaration. Il en dreffa
ainfi la formule.

» Ayant reconnu que fes fupérieurs eccléfiaf-
» tiques ont mal reçu quelques propofitions con-
» tenues dans fon livre de la Puiffance ecclé-
» fiaftique & politique, il déclare qu'il a tou-
» jours entendu & entend fe foumettre en tout
» à la doctrine de l'Eglife catholique, apofto-

» lique & romaine, & au Saint-Siége apoſto-
» lique ; & qu'étant très-marri, comme il l'eſt,
» d'avoir écrit aucunes propoſitions qui aient
» pu être interprétées contre ſon intention, il
» les déſavoue, & s'en départ ; & qu'il eſt
» prêt d'en faire telle déclaration qu'il ſera jugé
» à propos par ſes ſupérieurs Monſeigneur le
» Cardinal de Retz, ſon Evêque, &c. ».

On penſe bien que Richer a rejetté une telle formule. Il en a dreſſé une autre en ces termes :

« Je.... déclare préſentement , ainſi que
» j'ai toujours fait par le paſſé, que je n'ai ja-
» mais eu d'autre deſſein, volonté, ni inten-
» tion, écrivant le Livre *de la Puiſſance ecclé-*
» *ſiaſtique & politique* en 1611, que de mon-
» trer ſommairement quels étoient les principes
» & maximes de l'ancienne doctrine de l'école
» de Paris. Mais parce que m'étant étudié à la
» briéveté, je me ſuis rendu obſcur, & que
» cette briéveté a donné ſujet à pluſieurs per-
» ſonnes de détourner en mauvaiſe part quel-
» ques propoſitions de mon livre, comme ſi
» j'euſſe eu la volonté de diminuer & rabaiſſer
» la juſte & légitime puiſſance du Saint Pere
» & des autres Prélats de l'Egliſe, ce qui a
» donné lieu à Meſſieurs les Prélats mes ſupé-
» rieurs de ſe plaindre publiquement de moi

» & de mon livre ; c'eſt pour cela que je dé-
» clare préſentement, comme j'ai fait ſouvent
» ailleurs, que je ſuis prêt & diſpoſé à rendre
» raiſon de toutes les propoſitions contenues
» dans ce livre, & à les expliquer dans un
» bon ſens & catholique, toutes les fois qu'il
» plaira à notre Saint Pere le Pape, ou à Mon-
» ſeigneur le Cardinal de Retz, mon Evêque,
» de me le commander : *Quotieſcumque ita vi-*
» *ſum fuerit S. Domino noſtro Papæ, & illuſtriſ-*
» *ſimo D. Cardinali Radeſio Paſtori meo* ».

On accuſe Richer d'avoir méconnu les juſtes
droits du Pape, & il eſt évident qu'il les portoit trop loin. Il n'avoit ſecoué qu'à demi
la fauſſe idée de l'épiſcopat univerſel du Pontife
Romain. A quel titre pouvoit-il lui ordonner
d'expliquer ou de déſavouer quelques propoſitions de ſon livre ? C'eſt une de nos maximes,
que le Pape ne peut rien ordonner dans le
royaume en premiere inſtance. Le Cardinal de
Retz avoit ſeul droit, comme Evêque de Paris,
de cenſurer, ou de faire expliquer la doctrine
du livre. Le Pape ne le pouvoit pas plus que
l'Archevêque de Tolede.

Richer renouvelle enſuite ſa proteſtation déja
faite tant de fois, de ſoumiſſion de ſa perſonne

& de sa doctrine à l'Eglise & au Pape (1).

La même réflexion s'applique encore ici. Connoîtroit-on aujourd'hui ce que nous appelons les libertés de l'Eglise Gallicane, si les sujets du Roi avoient été obligés de soumettre leur doctrine à la décision de l'Evêque de Rome, ou même s'il leur avoit été permis de le faire ? Richer est cependant schismatique & hérétique pour avoir combattu les prérogatives légitimes du successeur de saint Pierre, lui qui leur donnoit beaucoup trop d'étendue.

La même réflexion se présentera plus d'une fois dans la suite. Je demande aussi, si l'on a quelqu'idée de ce qui constitue l'hérésie, lors-

____

(1) Insuper etiam tamquam humillimus Ecclesiæ catholicæ, apostolicæ & romanæ filius protestor, quæcumque memorato libello de ecclesiasticâ & politicâ Potestate continentur, sicut & cætera omnia quæ scripsi, aut dehinc possem vel potero unquam scribere, ea me atque memetipsum sanctæ Sedis apostolicæ & optimæ, ac sanctissimæ matris Ecclesiæ catholicæ judicio sponte & alacri animo subjicere, sicut & alias jam multoties subjeci : in cujus rei fidem & testimonium, præsentem declarationem, quam evulgari volo, meâ manu scripsi atque obsignavi, die 4 Januarii 1620. (Collectio judiciorum de novis erroribus, Tom. II, part. II, p. 301.)

qu'on

qu'on en accufe un homme, qui n'a ceffé de protefter de fa foumiffion , non-feulement à la décifion infaillible de l'Eglife , mais à celle du Pape , de fon Evêque , de la Faculté de Théologie , qui n'ont pas ce privilége.

Richer remit cette déclaration à Duval, qui la communiqua à l'Evêque de Paris, au Cardinal de la Rochefoucault , au Nonce du Pape , & à beaucoup d'autres. On y oppofa plufieurs chicanes , & entr'autres, que Richer ne défavouoit aucune propofition de fon livre. Il répondit qu'il étoit très-éloigné d'en défavouer aucune. Le défaveu fuppofe une erreur. Il a fouvent demandé qu'on lui cottât quelque propofition erronée , avec proteftation que s'il ne pouvoit l'expliquer en un fens bon & catholique , il l'effaceroit, non de fa plume , mais de fes larmes.

Le Pape , auquel le Nonce avoit envoyé la déclaration de Richer , ne fit point de réponfe. On en conclut qu'il la défapprouvoit. Les Docteurs Gamaches & Hebert, qui vouloient du bien à Richer, l'engagerent à en dreffer une autre , dans laquelle il s'étendroit un peu plus fur la foumiffion due au Saint-Siége. Richer , pour les fatisfaire , ajouta à la précédente déclaration , qu'il improuvoit & déteftoit le mauvais fens que

quelques perfonnes avoient donné à fes propofitions, contre fon intention, comme auffi
toute autre interprétation contraire au jugement
de l'Eglife catholique, apoftolique & romaine.

La déclaration, dans ce nouvel état, fut en-
voyée à Rome. Avant qu'il en fût arrivé des
nouvelles, le Docteur Gamaches, qui avoit toujours été ami de Richer, fut attaqué de la maladie dont il mourut. Pendant qu'il étoit fans
connoiffance, & prefqu'à l'agonie, on lui con-
duifit la main pour lui faire figner une déclaration, en date du 18 Juillet 1625, par laquelle
il condamnoit fort durement le livre de Richer.

Celui-ci conclut delà qu'on pourroit abufer
de fa foibleffe, dans fa derniere maladie, pour
arracher de lui une rétractation de fon livre.
Dans cette vue, il mit la derniere main à fon
teftament fpirituel dont on a parlé plus haut,
& le data du dernier Août. 1625. Il y joignit cette déclaration :

» Comme les chofes paffées doivent nous
» rendre fages pour l'avenir, & qu'il ne refte
» plus aucun fujet de douter que Duval &
» Mauclerc n'aient fuppofé un codicille en
» forme de déclaration ou cenfure, fous le nom
» de Gamaches, pour trouver un prétexte nou-

» veau d'inquiéter Richer par le moyen des
» Grands & de la Cour de Rome, qui se trou-
» vent fortifiés principalement par la venue de
» Monseigneur le Cardinal Barberin, neveu du
» Pape Urbain VIII, Légat du Saint-Siége en
» France ; il est à craindre qu'on ne veuille le
» contraindre à une rétractation que ses enne-
» mis ont souvent taché d'extorquer par des
» violences & des menaces capables d'ébranler
» même les esprits les plus forts & les plus
» constans. C'est pourquoi Richer supplie ins-
» tamment tout ceux qui entendront parler de
» lui, de se tenir avertis qu'après s'être humble-
» ment recommandé à Dieu & avoir imploré
» l'assistance du Saint-Esprit, il a écrit en pleine
» santé de corps & d'esprit, & signé de sa pro-
» pre main la déclaration qui suit comme une
» ordonnance de sa derniere volonté ».

» Que si par hasard il se trouvoit réduit à
» de telles extrémités, qu'il se vît contraint
» d'abjurer son livre de la Puissance ecclésiasti-
» que & politique, ou de changer, ou de signer
» quelque chose qui fût contraire à la déclara-
» tion qu'il avoit passée par devant Notaires le
» dernier jour de Juin de l'an 1622, il désa-
» voue, improuve, & rejette ce qu'il pourroit
» avoir été contraint d'écrire & de signer au

» préjudice de cette déclaration, comme chofe
» violemment extorquée de lui par menaces ;
» & par cette jufte crainte qui peut tomber en
» un homme conftant, & l'ébranler, il déclare
» par avance faux, fuppofé, nul, tout ce qu'on
» pourroit publier fous fon nom dans cette
» vue ; il fouhaite qu'on n'y ajoute aucune foi,
» non-plus qu'à une chofe qui n'eft jamais venue
» de lui, à moins qu'on ne lui eût accordé au-
» paravant le pouvoir d'expliquer librement par
» écrit les propofitions de fon livre, comme
» il l'a plufieurs fois demandé, &c. Fait à Paris
» le dernier jour d'Août 1625 » (1).

Richer fe trouvant atteint d'une dangereufe
maladie, & éprouvant le refus des Sacremens
de la part du Curé du Collége du Cardinal le
Moine, à moins qu'il ne foufcrivît à la cenfure de fon livre, faite par le prétendu Concile de la province de Sens, fit venir deux Notaires le 28 Juin 1629 pour renouveler devant
eux la déclaration qu'il avoit faite en 1622, &
protefter de nouveau qu'il perfiftoit jufqu'à la
mort dans les fentimens qu'il avoit enfeignés
dans fon livre.

____

(1) Ibid, pag. 502.

Au mois de Novembre 1629 , le Pape donna le chapeau de Cardinal à Alphonse du Plessis, frere du Cardinal de Richelieu. Il avoit préalablement dérogé à une Bulle de Sixte-Quint, qui ne permettoit pas qu'il y eût en même temps deux freres Cardinaux. Une des conditions apposées à cette faveur fut que le Cardinal Ministre obligeroit Richer à rétracter son livre.

Pour remplir cette condition, le 26 Novembre 1629, le Cardinal envoya à Richer Charles Talon, curé de Saint-Gervais. Il avoit chargé de lui dire, » que le Cardinal ne defiroit pas qu'il » rétractât son livre. On lui demandoit seule- » ment une déclaration, qu'il ne l'avoit pas » composé dans l'intention de diminuer l'auto- » rité spirituelle du Pape & du Siége aposto- » lique, qui est nécessaire au gouvernement » équitable de l'Eglise ».

Richer répondit , « qu'il y avoit déja long- » temps qu'il avoit fait ce que le Cardinal sou- » haitoit de lui, & qu'en 1623 il avoit eu » l'honneur de lui présenter la déclaration qu'il » avoit faite l'année précédente, signée de deux » Notaires. Il en donna un autre exemplaire » imprimé à Talon, pour le porter au Cardi- » nal , afin qu'il vît si cette déclaration lui » agréoit , ou s'il demandoit encore autre » chose. »

I 3

(134)

Le mardi quatre Décembre le Curé revint.
Il dit à Richer que le Cardinal, ayant relu de
nouveau la déclaration & le livre, trouvoit
du danger à ce qu'il expliquât toutes les propositions en un bon sens catholique, comme
il offroit de le faire dans cette déclaration ; ce
seroit augmenter les troubles de Sorbonne,
qu'on vouloit appaiser. Jamais on ne recevroit
une pareille explication ; il valoit mieux qu'il
donnât une nouvelle déclaration, dont il lui
envoyoit la formule toute dressée.

Richer y soumettoit son livre & sa doctrine
à l'Eglise catholique romaine & au Siége apostolique, qu'il reconnoissoit pour la mere & la
maitresse de toutes les Eglises, & juge infaillible de la vérité. Il avoit conçu une grande
douleur de ce que quelques propositions de son
livre étoient écrites, comme s'il avoit voulu
restreindre la puissance juste & légitime du
Pape & des Prélats, quoiqu'il n'eût jamais eu
cette intention. Il les désapprouvoit & condamnoit fortement, comme contraires au jugement
de l'Eglise catholique, apostolique, romaine.

Richer demanda qu'on lui laissât cette formule, pour qu'il pût y réfléchir. Il voulut aussi
conférer avec le Cardinal de Richelieu lui-même.
Une affaire de ce genre ne devoit pas se traiter par internonce.

Deux claufes lui faifoient peine. 1°. On affec-
toit de mettre l'Eglife catholique devant le
Siége apoftolique , afin de tomber auffi bien
fur le Pape que fur l'Eglife ce qu'on y difoit enfuite du juge infaillible de la vérité ; ce
qui étoit contraire à l'expreffion de fa déclaration de 1622 , où il avoit mis à deffein le Saint-
Siége avant l'Eglife catholique & univerfelle,
pour faire entendre qu'il y avoit appel de lui
à elle. Il penfa néanmoins pouvoir foufcrire à
cette claufe , fans donner atteinte à fon livre.
Par-là il déclaroit fe foumettre au jugement
de l'Eglife catholique & romaine, & du Saint-
Siége apoftolique , qu'il reconnoiffoit pour la
mere & la maitreffe de toutes les Eglifes, &
pour le juge infaillible de la vérité. Cela n'eft
pas faux , pris ainfi conjointement. Il y a cependant de l'équivoque , en ce que l'on confond ce qui appartient à l'Eglife univerfelle,
avec ce qui appartient au Saint-Siége.

D'ailleurs , comme on étoit accoutumé à
prendre l'Eglife romaine & le Saint-Siége pour
une même chofe, il ne faifoit nulle difficulté
d'appeler avec les anciens Peres l'Eglife romaine
la mere & la maitreffe de toutes les autres
Eglifes, pourvu qu'on n'attribuât l'infaillibilité
qu'à l'Eglife univerfelle qui a toujours le Pape

à sa tête, même dans les Conciles généraux, & qu'on a raison d'appeler catholique, apostolique & romaine.

A ces raisonnemens que prête à Richer l'historien de sa vie; qui le reconnoîtroit? Le voilà qui se familiarise avec les équivoques.

La seconde clause qui le blessoit étoit celle où on lui faisoit dire qu'il désapprouvoit & condamnoit les propositions de son livre, qui avoient donné occasion au scandale, en tant qu'elles étoient contraires au jugement de l'Eglise catholique, apostolique & romaine.

Richer avoit demandé une conférence avec le Cardinal de Richelieu. Le sept Décembre, le Curé de Saint-Gervais vint le prendre, & le conduisit chez le Cardinal. Il y exposa les deux difficultés qu'il avoit sur la nouvelle formule. Le Saint-Siége y étoit appelé, séparément de l'Eglise romaine, la mere & la maitresse de toutes les Eglises. C'est une maniere de parler ambiguë, inconnue aux anciens Peres, qui se sont toujours contentés de dire que l'Eglise romaine étoit la mere & la maitresse des Eglises, parce qu'elle avoit été fondée par les Apôtres saint Pierre & saint Paul. On ne voit nulle part cette expression attachée au seul Siége apostolique.

Le Cardinal confentit que, pour ôter l'ambiguité, on mît dans la déclaration le Saint-Siége avant l'Eglife romaine, afin que les termes de mere & de maitreffe de toutes les Eglifes, qui fuivoient, ne puffent fe rapporter qu'à la feule Eglife romaine. Le P. Jofeph préfent s'y oppofa d'un ton d'autorité.

Sur la feconde claufe qui faifoit peine à Richer, le Cardinal trouva qu'il n'y avoit rien à changer. Il confentit cependant qu'on y ajoutât les termes *ut fonant.*

Il dit au P. Jofeph de conduire Richer dans fa chambre, & de lui faire figner la déclaration. Richer eut peur pour la premiere fois de fa vie. Il figna la déclaration, avec une addition que dicta le P. Jofeph, dans laquelle il lui faifoit reconnoître que fa fignature étoit pleinement libre.

Tel eft l'acte que Richer figna chez le Cardinal de Richelieu, le 7 décembre 1629, le matin ; & qu'il eut ordre de dépofer & de réitérer l'après-midi devant deux Notaires (1).

____

(1) Ego .... cùm perfpexerim quafdam propofitiones libelli à me fcripti anno 1611, *de ecclefiaſticâ & politicâ Poteſtate*, in malam partem acceptas : hîc proteſtor &

Il est sans doute inexcusable de l'avoir signé ;
mais cette pièce, quoiqu'indigne de lui, ne ren-

---

declaro me semper voluisse, atque etiam nunc velle, &
meipsum & libellum præfatum quascumque ejus propositiones, earumque interpretationem, *omnemque meam
doctrinam Eccl.siæ catholicæ, romanæ,& sanctæ Sedis apostolicæ judicio subjicere : quam matrem & magistram omnium Ecclesiarum, & infaillibilem veritatis judicem agnosco:*
ac protestor permagnum concepisse dolorem, aliquas propositiones memorati libelli sic à me esse conscriptas, ut oc-
casionem offensionis dederint : quasi justæ & legitimæ
potestati summi Pontificis & Dominorum Prælatorum Ecclesiæ aliquid diminutum aut detractum vellem, licet
talis intentio mea non fuerit : *quas quidem propositiones,
quatenus Ecclesiæ catholicæ, apostolicæ & romanæ judicio,
ut sonant, contrarias vehementer improbo & condemno.*
Quam declarationem profiteor me liberè ac voluntariè
edidisse, ut mea erga sanctam Sedem apostolicam obe-
dientia cunctis pateat : eamque inter manus illustrissimi
Domini Cardinalis de Richelieu, Provisoris Sorbonæ,
consignandam censuisse, pro ratione observantiæ, & de-
biti mei erga eumdem Dominum illustrissimum Cardi-
nalem. In cujus rei fidem & testimonium, præsentem
declarationem & protestationem concepi, meâque manu
scripsi & obsignavi, anno Domini millesimo sexcente-
simo vigesimo nono, die Veneris septimâ Decembris,
præsentibus Magistro Carolo Talon, Parœcho S. Gervasii
Parisiensis, & Patre Joseph Parisiensi, Ordinis Capuci-
norum. Signatum Richer, Talon & Joseph, cum sin-
graphis. (*Collectio judiciorum*, &c. Tom. II, part. II,
pag. 302.)

ferme aucun défaveu , aucune rétractation formelle de fon livre. Voyons ce qui s'eft paffé
depuis.

Le Cardinal Bagny , Nonce en France , vint
remercier le Cardinal de Richelieu , au nom du
Pape , de la victoire qu'il venoit de remporter
fur Richer. Il ne put parler à cette Éminence.
Le P. Jofeph, qui reçut fa vifite , avoit charge du
Cardinal de Richelieu de lui remettre une
copie de la déclaration de Richer , & de lui
dire en même-temps que Richer étoit un
homme de bien , qui avoit toujours eu beaucoup d'inclination pour la paix ; qui s'étoit toujours montré fort éloigné de toute faction &
de toute cabale , & qui par conféquent n'avoit
jamais fongé à faire un fchifme dans l'Eglife ;
que l'acte qu'il venoit de figner n'étoit ni une
rétractation , ni une palinodie , mais une fimple
déclaration.

Ce n'étoit pas affez pour les ennemis de nos
maximes , qui dominoient en Sorbonne , d'a-
voir obtenu de Richer la déclaration dont il
s'agit. Ils voulurent , pour faire leur Cour au
Pape , changer la formule du ferment qui avoit
toujours été prêté par les Bacheliers. Jufques-
là ils avoient feulement juré de ne rien dire
de contraire à l'Ecriture Sainte , aux Conciles

œcuméniques , & aux décrets de la Faculté de
Paris. Le Docteur George Froger, bas valet
de la Cour de Rome, proposa d'ajouter à ce
ferment, qu'on ne diroit rien de contraire aux
décrets des Papes ; & cela fut ordonné ainsi
par une conclusion du premier décembre
1629 (1).

Il y eut des oppositions juridiques formées
à cette conclusion ; & par-là l'exécution en fut
empêchée.

Un Cardinal devoit, par état, desirer cette
exécution. Le Cardinal de Richelieu, pour faire
cesser les disputes qui s'étoient élevées sur ce
point, assembla chez lui, la veille de Noël 24
décembre 1629, quelques Docteurs des deux par-
tis, voulant que Richer fût du nombre. Le
Cardinal, après des exhortations vagues à la paix ,
s'étendit sur les louanges de Richer : Il avoit
trouvé en lui un homme d'un esprit si sensé,
& d'un cœur si droit, un homme si sincére-
ment porté à la paix, que, depuis qu'il avoit
eu un entretien avec lui, il faisoit gloire de se
déclarer Richériste. Il souhaitoit que tout le
monde eût les intentions aussi pures que lui.

____

(1) ibid. pag. 286.

Duval, le fourbe Duval, fit auſſi l'éloge de
Richer, & applaudit au témoignage que le
Cardinal venoit de lui rendre. Les Docteurs
approuverent une formule de concluſion dreſ-
ſée par le Cardinal. Richer ne fit pas, en cette
occaſion, ſon ancien perſonnage. Il ne montra
pas ſon courage ordinaire pour la défenſe de
nos maximes.

Il ſavoit que pluſieurs perſonnes regardoient
la déclaration qu'il avoit ſignée le 7 décembre,
comme un déſaveu de ſon livre ; il réſolut de
les détromper, & de prouver combien il étoit
éloigné d'avoir abandonné ſes anciens principes.
Dans cette vue il dreſſa deux actes, ce même
jour veille de Noël 24 décembre, après-midi.
L'un eſt une proteſtation ſemblable à celle qu'il
avoit déja publiée le dernier Août 1625.

Il proteſte contre tout ce qu'on pourra publier de contraire à la déclaration qu'il en fait,
& contre tout ce qui pourroit lui arriver, qui
n'y ſeroit pas conforme. Il déſavoue par avance
ce que les infirmités de ſon grand âge, & de
ſa mauvaiſe ſanté, la ſurpriſe, la violence, les
menaces, la vue des tourmens & de la mort
pourroient lui faire faire contre la doctrine de ſon
livre *de la Puiſſance eccléſiaſtique & politique* ; &
il prie la poſtérité d'en juger par les divers

ouvrages qu'il doit lui laisser manuscrits en mourant.

Il relut aussi le même jour son testament, auquel il mit la même date de la veille de Noël 1629 après midi (1). Il suffit de lire cette piece, pour juger combien Richer étoit éloigné de désavouer & de rétracter son livre.

La protestation dont on vient de parler fut jusqu'à Rome, & on pense bien qu'elle y fut vue de mauvais œil. Le Pape soupçonna le Cardinal de Richelieu de l'avoir joué. Le Cardinal, piqué de ce soupçon, pria le Pape d'envoyer quelqu'un pour être témoin de la bonne-foi avec laquelle il entendoit forcer Richer à une rétractation. Le Pape députa à Paris un Notaire apostolique ; & aussi-tôt après son arrivée, voici le moyen qu'on mit en œuvre pour réussir.

Le Docteur André Duval, habitué à trahir Richer, l'engagea, de la part du Cardinal, à venir dîner chez le P. Joseph, Capucin, cet homme si connu dans l'histoire, ce digne agent des cruautés & des fourberies du Cardinal de Richelieu. Le prétexte étoit de conférer sur quelques points de controverse, dont le Cardinal désiroit l'éclaircissement.

____

(1) Ibid. p. 303.

» Après qu'on fut levé de table, le P. Joseph
» fit entrer Richer dans une chambre avec Duval
» & le Notaire apostolique, (Député exprès
» de Rome) & dit qu'il n'avoit pas d'autre
» question de controverse à proposer que celle
» de l'autorité du Souverain Pontife. Richer,
» qui ne savoit pas que l'inconnu, en présence
» duquel il parloit, étoit un Italien & un No-
» taire apostolique, expliqua la matiere pro-
» posée à son ordinaire; & il lui paroissoit que
» la compagnie l'écoutoit le plus tranquillement
» du monde, & qu'elle étoit satisfaite de sa
» modération, lorsque P. Joseph tira un pa-
» pier où étoit une rétractation toute dressée.
» Il interrompit Richer en la lui montrant; &
» d'un ton de voix qu'il éleva extraordinaire-
» ment pour servir de signal à des gens apos-
» tés qu'il tenoit prêts à exécuter son dessein,
» il lui dit : *c'est aujourd'hui qu'il faut mourir ou*
» *rétracter votre livre.* A ces paroles on vit sor-
» tir de l'anti-chambre deux assassins qui se jet-
» terent sur Richer, & qui, le saisissant cha-
» cun par un bras, lui présenterent le poignard,
» l'un pardevant, l'autre par derriere, tandis
» que le Pere Joseph lui mit le papier sous la
main, & lui fit signer ce qu'il voulut, sans lui

» donner le temps de se reconnoître ni de lire
» le papier ».

Baillet raconte ainsi le fait dans la vie de
Richer. Ce grand homme succomba, dans ce
danger pressant, à la foiblesse humaine. Samson
a perdu ses cheveux. Baillet continue ainsi :

Richer se fit reporter chez lui, pleurant amé-
rement du crime qu'il venoit de commettre :
c'est ainsi qu'il appelloit la foiblesse qui l'avoit
fait céder à la crainte de la mort. Pour consta-
ter les faits, il fit faire plusieurs copies du récit de ce qui s'étoit passé chez le P. Joseph,
& les envoya à ses amis après les avoir signées.

Lorsque la doctrine de Richer fut remise en
honneur par la déclaration du Clergé de 1682,
Martin Grandin, Docteur de Sorbonne, grand
ennemi de cette doctrine, avança dans une Assemblée, que Richer l'avoit retractée. Il fut
contredit par plusieurs Docteurs, instruits de
ce qui s'étoit passé chez le Pere Joseph, & dans
une lettre imprimée du 23 Mai 1683.

Cette lettre, citée par Baillet, se trouve à la
fin du premier volume des *Vindiciæ Doctrinæ
majorum scholæ Parisiensis*, composées par Richer, & qui ont été imprimées en 1683. On
fit aussi réimprimer alors le testament de Ri-

cher,

cher, daté de la veille de Noël 1629, un an avant fa mort. Cette piece fuffit pour prouver combien Richer étoit éloigné de fe rétracter librement. Le tout eft précédé d'un *monitum.* On y raconte que, le 17 Mars 1683, Martin Grandin, opinant fur une propofition que le Parlement avoit foumife à l'examen de la Faculté, dit beaucoup de chofes fauffes fur la doctrine d'Edmond Richer, qui n'eft autre que celle de l'Eglife catholique. *Multa falfa & à propofito aliena commentus eft de doctrinâ M. Emundi Richerii; quæ quidem doctrina non eft alia quàm doctrina Ecclefiæ catholicæ.* On a cru devoir faire réimprimer le teftament de Richer, *ut obftu-ratur os. MM. Grandin dicentis injufta & falfa.* On promet de publier inceffamment un autre teftament de Richer, ou plutôt un ordre qu'il avoit dreffé lui-même pour l'édition des livres qu'il avoit compofés pour la défenfe de l'Eglife & de l'Univerfité de Paris. Il devoit en réfulter deux chofes plus claires que le jour : La premiere, que Richer n'avoit jamais changé de fentiment fur le gouvernement ariftocratique de l'Eglife. *Primum M. Emundum Richerium numquam mutaffe fententiam de ariftocratico regimine Ecclefiæ.* La feconde, que ce Docteur a travaillé infatigablement pour établir la vérité de l'ancienne doctrine de Sorbonne, & pour défendre l'autorité royale. *Secundum* : *Quantum insignis iste Doctor laboraverit, non pro congerendis nummis nec fundis acquirendis , sed pro veritate antiquæ doctrinæ Scholæ Parisiensis , & pro supremâ regis christianissimi autoritate, cùm sint adhuc plus quam viginti volumina typis mandanda.*

Pour connoître combien Richer a souffert pour la défense des droits du Roi, on renvoie à l'histoire de la censure du livre du Jésuite Santarel. *Interim lector veritatis amans potest consulere librum qui continet historiam censuræ Antonii Santarelli Jesuitæ , ut cognoscat quanta passus sit Magister Emundus Richerius pro defensione jurium Regis & regni, usque adeo ut dicere soleret :* IN MEDIO REGNO JURA REGNI TUEOR ET EXUL FIO. *Qui videlicet à Collegio suo egredi non audebat, ne violentas manus illi inferrent satellites insidiarii Romanorum asseclarum pretio conducti.*

Après cet avertissement est le testament de Richer, sur l'édition qu'il en avoit donnée lui-même en 1630 : *Juxta exemplar editum Parisiis inpensis auctoris* 1630.

Après le testament, & quelques prieres composées par Richer, qu'il avoit jointes à l'édition de son testament, on lit ce qui suit :

(147)

Après avoir satisfait en latin par le testament
ci-dessus à ce que M. Grandin avança dans l'Assemblée de la Faculté le dix-septieme jour du
présent mois de Mars touchant le remords &
la peine imaginaire que feu M. Richer eut à
la mort de la doctrine qu'il avoit professée &
soutenue toute sa vie avec une capacité & une
générosité incroyables touchant l'autorité du
Pape, il ne sera pas inutile de faire aussi connoître en François audit sieur Grandin combien il s'écarta de la vérité dans ce qu'il im-
puta ce jour-là, sans aucun fondement, à ce grand
homme.

Voici une lettre toute nouvelle qui l'en éclair-
cira.

A Paris ce 23 Mars 1683.

MONSIEUR,

« C'est pour satisfaire au desir que vous avez
» de savoir ce qui s'est passé dans la maladie
» & dans la mort de ce grand homme M. Ri-
» cher, Docteur en Théologie de la maison
» & Société de Sorbonne, grand Maître du
» Collége du Cardinal-le-Moine. Vous ne pou-
» vez pas vous adresser à personne qui vous en
» puisse rendre un meilleur compte, puisqu'il
» a rendu son ame à Dieu entre mes bras. Quoi

K 2

» qu'il soit décédé fort âgé , il étoit d'une consf-
» titution à vivre encore davantage , s'il n'eût
» point été contraint de se faire tailler pour évi-
» ter de continuelles douleurs dont il étoit
» tourmenté , & qu'il souffroit avec une pa-
» tience admirable. Deux ans après cette opé-
» ration , il tomba malade d'une fiévre con-
» tinue qui lui laissa toujours , par une provi-
» dence particuliere de Dieu , la liberté de l'es-
» prit pendant le cours de sa maladie & jus-
» qu'au dernier soupir. Comme il se sentit pro-
» che de sa fin , il demanda lui-même les sa-
» cremens ; il reçut le saint Viatique avec une
» piété exemplaire en présence de tous les
» boursiers du Collége qui en furent parfaite-
» ment édifiés , & nommément M. Ternois,
» qui fut celui qui le lui administra , & dont
» il écouta l'exhortation fort attentivement &
» avec une profonde humilité. Il se faisoit lire
» continuellement des prieres qu'il avoit com-
» posées, tirées des plus beaux endroits de la
» sainte Ecriture. Il m'avoit choisi pour lui ren-
» dre cet office , & m'avoit averti de conti-
» nuer toujours à lire distinctement & fort haut,
» quoiqu'il me pût paroître qu'il n'entendît pas,
» parce que , me dit-il , je ne laisserai pas de
» bien entendre. Et en effet j'étois dans cette

» occupation, quand il me demanda à se tour-
» ner sur le côté, & dès aussitôt que je l'y
» eus mis, il expira, & si doucement, qu'il
» fallut avoir recours au miroir pour savoir pré-
» cisément s'il étoit passé. L'on peut dire de
» lui comme il est écrit de Moyse, qu'il est
» mort *in osculo Domini*. On a remarqué que
» la plupart des grands hommes sont morts dans
» cette posture. Jamais vie n'a été plus tra-
» versée que la sienne, pour avoir écrit & sou-
» tenu constamment la vérité. On a voulu ter-
» nir sa réputation en disant qu'il s'étoit rétracté
» de ses opinions. Il est vrai que, du temps du
» Cardinal de Richelieu, il fut obligé, tant la
» persécution étoit violente, d'expliquer sa pen-
» sée sur quelques propositions dont ses enne-
» mis ont voulu triompher, prenant l'écrit qu'il
» donna en ce temps-là pour une rétractation.
» Bien loin d'avoir cette pensée, il a con-
» tinué d'écrire & à nous donner sa doctrine
» comme elle est contenue dans les livres que
» nous avons de lui, & particuliérement dans
» les trois volumes de l'histoire des Conciles
» généraux. Il est mort dans ces sentimens,
» & je m'étonne comme il se trouve des gens
» qui osent publier qu'à la mort il a témoigné
» quelque peine ou quelque regret d'avoir per-

» fifté dans les maximes qu'il a enfeignées toute
» fa vie, & de vive voix & par écrit. On les
» peut traiter hardiment ou d'impofteurs, ou
» au moins de gens très - mal informés. Je
» ne l'ai point quitté un feul moment pendant
» le cours de fa maladie, & je l'ai affifté juf-
» qu'à la mort. Il y a encore des gens d'hon-
» neur & de probité connue, qui font pleins de
» vie & qui rempliffent dignement des pre-
» mieres charges de l'Etat, qui rendront avec
» moi ce témoignage à la vérité, puifqu'ils font
» intéreffés, auffi bien que moi, dans l'honneur
» de leur maître, fous la conduite duquel nous
» avons fait toutes nos études. Je fuis bien aife
» que cette occafion fe foit préfentée de pur-
» ger la mémoire d'un fi grand homme des
» calomnies & des foibleffes dont on l'a voulu
» obfcurcir. J'ai une joie très-fenfible de voir
» que notre fiecle commence à faire juftice à
» fes ouvrages. Il y a lieu d'efpérer dans la
» fuite que Dieu fera le miracle entier, en fuf-
» citant des gens auffi éclairés & auffi bien in-
» tentionnés que vous, qui rétabliront la faine
» doctrine. Je fuis, &c. »

L'auteur de la brochure aura une réponfe
prête. Il dira que celui qui a compofé l'avertiffement, & celui qui a écrit la lettre, étoient

deux Janséniftes, & par conféquent deux Richériftes. Il ne réfultera pas moins de ces faits, que perfonne n'ofoit argumenter de la prétendue rétractation exigée par le P. Jofeph le poignard fur la gorge. Grandin ne s'en prévaut pas. C'eft uniquement dans la maladie, & à l'article de la mort, qu'il fuppofe que Richer s'eft repenti, & a défavoué fa doctrine. La lettre juftificative de fa mémoire ne parle pas davantage de la prétendue rétractation. Elle fe borne à certifier que Richer ne s'eft point rétracté dans fa maladie. L'acte violent fait par le Pere Jofeph reftoit enfeveli dans l'oubli. Perfonne n'étoit affez hardi, pour le faire valoir. Sans cela, Grandin, le plus grand adverfaire de Richer, n'auroit pas négligé de s'en fervir.

On voit auffi que Richer avoit fait imprimer fon teftament en 1630, dans l'année même de fa mort, & , felon toute apparence, depuis ce qui s'étoit paffé chez le P. Jofeph. Or, cette édition étoit un défaveu bien complet de la fignature qu'on lui avoit arrachée en le menaçant de la mort. Son teftament annonce la perfévérance la plus ferme dans la doctrine qu'il avoit toujours enfeignée.

On lit dans le dictionnaire de Moréri, au mot Richer, qu'André Duval, dans l'épître

dédicatoire de son ouvrage sur saint Thomas,
dit que « Richer ayant été averti du bruit
» qu'on faisoit courir, protesta au Curé qui
» lui porta le saint Viatique, en présence de
» plusieurs témoins, que sa déclaration avoit
» été libre & sincere; qu'il y adhéroit encore,
» & qu'il souhaitoit que tous ceux qui liroient
» ses ouvrages y suivissent le sens qu'il avoit
» marqué dans sa déclaration ».

« Mais, ajoute-t-on, Duval est très-suspect
» dans ce récit, de même que l'abbé Richard,
» chanoine de sainte Opportune, que l'on fait
» avoir donné deux vies du P. Joseph, fort diffé-
» rente l'une de l'autre, & qui, dans un éclair-
» cissement sur la vie de ce Pere, se montre
» de l'avis de Duval ».

Le fait d'ailleurs est démontré faux. Richer
n'a point été administré par le Curé du Cardinal-le-Moine. Baillet dit, dans sa vie, qu'il
l'a été par Charles Ternois, un des boursiers
du Collége, qui depuis a toujours rendu témoignage à la solidité de sa vertu, & à l'innocence de sa vie.

Quant à l'abbé Richard, quel cas faire du
témoignage d'un auteur qui a publié, en 1702,
l'histoire de la vie du P. Joseph du Tremblay,
capucin, dans laquelle il en fait un saint, & qui,

deux ans après, a fait imprimer *le véritable P.
Joseph , capucin , contenant l'histoire anecdote du Cardinal de Richelieu* , où le P. Joseph
est peint tel qu'il étoit ? Un auteur qui se conduit
ainsi n'est pas un historien qui cherche à instruire
le public. C'est un homme qui se joue de sa
crédulité, & qui n'est digne que de mépris.

On ne sait au surplus ce que contenoit cette
rétractation. On a rougi de la maniere dont elle
avoit été extorquée , & la pièce paroît avoir
été entiérement supprimée.

Au surplus, quand on n'auroit pas mis à Richer
le poignard sur la gorge , il seroit toujours certain que l'acte a été signé chez le P. Joseph,
& ce seroit assez pour faire présumer qu'il n'a
pas été libre. D'ailleurs Richer a fait tant de
protestations contre les désaveux qu'on pourroit lui arracher , ou par séduction, ou par violence ; il a annoncé si persévéramment la volonté de ne jamais désavouer son livre , que
tout porte à présumer la violence qui lui a
été faite ; il aura succombé à la crainte de la
mort, & en cela il nous aura donné une preuve
de la foiblesse humaine. Il n'en est pas moins
ridicule de dire qu'il a eu le bonheur de se
rétracter.

La brochure date cette rétractation du sept

décembre 1629. Elle la confond avec la déclaration qui fut fignée ce jour-là, contre laquelle Richer a protefté le 24 du même mois,
veille de Noël ; la rétraction eft néceffairement
poftérieure à ce dernier jour. On en ignore
également la date & le contenu. Perfonne ne
l'a jamais vue, & elle n'eft rapportée par aucun auteur. Celui de la brochure fait cependant ce qu'elle renfermoit. Il parle ainfi, page
29 : « Nous ne pouvons pas abandonner la voix
» de l'Eglife pour fuivre l'opinion des Mar-
» tinau, des Camus, des Treilhard ; nul décret
» fur la terre ne peut nous y contraindre ».
» Oh ! mille fois plutôt que les fectateurs
» fi zélés de Richer l'imitent eux-mêmes dans
» fa pénitence ; car Dieu lui fit la grace de
» fe repentir. Alors il reconnut, il déclara
» que ce qu'il avoit écrit étoit contraire à la
» doctrine catholique expofée fidélement par
» les faints Peres, faux, hérétique, impie,
» & pris des écrits empoifonnés de Luther &
» de Calvin ».
Où l'auteur a-t-il pris ces termes ? Dans quel
livre les a-t-il copiés ? Si la rétraction qu'on a
fait foufcrire à Richer contenoit de telles ex-
preffions, faudroit-il une autre preuve de violence ? A qui perfuadera-t-on que Richer, en li-

berté, se soit reconnu hérétique & impie, qu'il se soit avoué disciple de Luther & de Calvin ? Dans le vrai, personne n'a jamais vu cette piece qu'on a eu honte de produire, & dont l'original a peut-être été envoyé à Rome.

Pour annoncer, de la part de Richer, une persévérance plus longue dans sa prétendue rétractation, la brochure le fait vivre jusqu'au 29 Novembre 1631. Il est mort le 28 novembre 1630. On croit avoir pleinement justifié Richer. A l'exception de sa thèse soutenue pendant la ligue, dont il est impossible de le laver, & qu'il a depuis condamnée lui-même par sa doctrine & sa conduite, les autres circonstances de sa vie lui font honneur. On lui reproche la condamnation de son livre, & sa déposition du syndicat. C'est précisément ce qui fait son éloge. C'est son attachement aux maximes du Royaume qui l'a exposé à une persécution de vingt années. Il l'a soufferte avec la plus grande patience, sans jamais s'être écarté du respect dû aux supérieurs, sans avoir jamais conçu la plus légere animosité contre ses ennemis les plus déclarés, contre les faux amis qui le trahissoient ou l'abandonnoient. Il avoit reçu du Ciel une force de tête, une fermeté d'ame peu communes. Il étoit animé du zele le plus pur & le

plus ardent pour la défense des anciennes maximes du Royaume, qui l'a rendu supérieur aux
traverses & aux vexations de tout genre qu'on
lui a fait essuyer. Rien n'étoit plus édifiant
que sa vie privée. Il avoit beaucoup de piété,
& vivoit fort austérement. On dit qu'il jeûna le
carême de l'an 1549 au pain & à l'eau, portant la haire & le cilice (1). Ces différentes déclarations, son testament, tous ses écrits,
sont autant de preuves de sa foi, de sa patience,
de sa charité pour ceux qui le vexoient, de
son amour & de son respect pour l'Eglise.
C'est un tel homme dont on déchire la mémoire avec un acharnement inoui. Triste rôle,
que celui de diffamateur & de détracteur des
Saints ! *Quis accusabit adversùs electos Dei ?*
Deus qui justificat. Ce n'est pas encore assez de
faire de Richer un hérétique & un schismatique.
Il faut qu'il soit hérésiarque & chef de secte.

Pour établir la prétendue hérésie du Richérisme, on cite quelques auteurs qui ont paru
la regarder comme réelle. On dit « que le
» pieux & savant Evêque de Pamiers, continua-

____

(1) Dupin, histoire Ecclés. du dix-septieme siecle. Tom.
I, page 377.

» teur des annales de Baronius , exprime les
» craintes que le Richérisme ne causât un schif-
» me en France ».

Il est fort peu important que Sponde ait annoncé des inquiétudes sur le prétendu Richérisme. Ce n'est pas dans Baronius , ni dans
son continuateur , qu'il faut chercher les maximes de la France. Tous les Ultramontains sont
portés par inclination à condamner Richer. Ce
pieux & savant Evêque étoit l'ennemi le plus
déclaré de la doctrine du Royaume. On peut
en juger par l'extrait que M. Servin a fait de
son ouvrage , lorsqu'il a requis, le 16 avril 1612,
qu'il fut flétri par arrêt du Parlement , avec
celui du Jésuite Becan (1). Sponde donne au
Pape, dans plusieurs en droits de son livre, le pouvoir de déposer les Rois. Un homme imbu de
cette fausse doctrine devoit nécessairement
haïr celle de Richer.

» La brochure ajoute qu'André Duval, Doc-
» teur de la Faculté de Théologie , & célébre
» pour son éminente piété, autant que par son
» érudition , disoit à cette occasion, *qu'il étoit*

____

(1) Collectio judiciorum de novis erroribus, Tom. II,
part II, pag. 73.

» *à propos, pour le bien de la Religion, qu'il*
» *n'y eût point de Sorbonne.* Par-là il vouloit
» sans doute témoigner seulement les regrets
» qu'il avoit que, du sein de cette compagnie
» savante, fût sorti un systême aussi destruc-
» tif que le Richérisme ; car M. Duval lui-
» même, membre respectable de la Sorbonne,
» ne pouvoit avoir que beaucoup d'estime pour
» ce corps qui a produit tant de personnages
» recommandables par leur mérite , & qui a
» rendu tant de services à l'Eglise par ses dé-
» cisions érudites & orthodoxes ».

Il faut être bien peu connoisseur en piété
pour en attribuer à Duval. C'est l'homme le
plus dissimulé, le plus fourbe , le plus traître
qui ait jamais été sous le ciel. Il étoit le conseil & l'agent de toutes les manœuvres prati-
quées contre Richer ; & après plusieurs récon-
ciliations feintes, il le persécutoit de nouveau.
Qu'on lise la vie de Richer , & on ne pourra
entendre le nom de Duval sans horreur.

Son mérite étoit des plus minces. Il est connu principalement par un livre qu'il a fait contre Richer, & par un traité de la suprême autorité du Pape sur l'Eglise. Ces deux ouvrages
auroient dû être brûlés par la main du bourreau,
comme étant directement opposés aux libertés
de notre Eglise.

Duval étoit à la tête du projet formé par le Cardinal du Perron, le Nonce du Pape, & plusieurs Evêques, de détruire réellement la Sorbonne. Ce n'est pas parce qu'elle avoit enfanté le Richérisme ; c'est parce qu'elle servoit de rempart, quoique bien foible, aux libertés de l'Eglise Gallicane. L'auteur de la brochure comble Duval d'éloges. Seroit-ce parce que *si-milis simili gaudet* ?

Par suite de son système, il parle avec mépris de Simon Vigor, Conseiller au Grand-Conseil, qui a défendu la doctrine de Richer ; & de Dupin, qui a rendu justice à sa mémoire.

On a dit, en commençant, que le but principal de la brochure étoit de déclamer contre les prétendus Janséistes. Il n'a tant à cœur de réaliser l'héréfie du Richérisme, que parce qu'il veut les en charger. Il cherche dans cette vue à établir la liaison du Richérisme & du Jansénisme. Il rapporte pour cela quelques anecdotes. Il dit, page 8, que l'abbé de Saint-Cyran pensoit qu'il y avoit de la témérité à traiter les Richéristes d'hérétiques ou de schismatiques ; & qu'on devine ce que signifie dans le langage de Saint-Cyran cette orthodoxie des Richéristes ?

S'il y a quelque chose à reprendre dans ce

jugement de M. de Saint-Cyran, c'eſt ſon exceſ-
ſive foibleſſe. Il auroit dû dire qu'il y a non-
ſeulement de la témérité, mais une injuſtice
criante, une calomnie atroce, une malice diabolique.

« M. de Sainte-Beuve, qui avoit des relations
» avec le parti, écrivant au fameux Docteur
» Saint-Amour, qui, comme on ſait, avoit été
» envoyé à Rome pour ſoutenir la cauſe des
» cinq propoſitions, s'exprimoit en ces termes :
» Si le Janſéniſme eſt condamné, ce ſera une
» des choſes les plus déſavantageuſes au Saint-
» Siége, & qui diminuera, dans la plupart des
» eſprits, le reſpect & la ſoumiſſion qu'ils ont
» toujours gardés pour Rome, & qui ſera incli-
» ner beaucoup d'autres dans les ſentimens des
» Richériſtes. . . . . . Faites, s'il vous plait,
» réflexion ſur cela ; & ſouvenez-vous que je
» vous ai mandé, il y a long-temps, que de
» cette déciſion dépendra le renouvellement du
» Richériſme en France. Les Janſéniſtes eux-
» mêmes nous ont conſervé cette lettre, qu'ils
» ont fait imprimer en 1662 ».

Tout ce qu'on peut conclure delà, c'eſt que
Sainte-Beuve n'étoit pas dans les ſentimens de
Richer, & n'approuvoit pas ſa doctrine. Il ne
s'enſuit pas qu'il regardât le Richériſme comme

une

une héréfie. Eût-il été dans cette fauffe opinion ,
il fe feroit trompé.

« Pour faifir le fens de la confidence de Sainte-
» Beuve vis-à-vis de Saint-Amour, il faut fe
» rappeler qu'à cette époque les Janféniftes pref-
» fentoient la condamnation des cinq propofi-
» tions à Rome. Pour amortir le coup, ils fe
» difpofoient à faire valoir le Richérifme , qui
» ne donne au Pape que le pouvoir miniftériel
» ou exécutif, & qui, en cette qualité , ne peut ,
» felon Richer , prononcer de décret fans un
» Concile général. C'étoit d'avance une contre-
» batterie dont ils menaçoient Innocent X &
» fa Bulle ».

Ce propos fuppofe Sainte - Beuve défenfeur
des cinq propofitions. Il les a toujours condamnées, avant même qu'elles le fuffent par
Innocent X. C'eft ce qu'on lit dans le Dictionnaire de Moréri, à fon article.

« Rien de plus curieux que l'anecdote fui-
» vante, que nous apprenons de Dom Thierry
» de Viaixnes. Dans une lettre du 2 Avril
» 1699 , écrite au fieur Brigode, Janfénifte ,
» prifonnier à Bruxelles, ce Bénédictin , qui
» étoit auffi du parti, lui mandoit : « J'ai déterré
» un manufcrit d'un gros ouvrage de Richer,
» qui n'a pas été imprimé. Il y a plus de deux

» mille pages , plus grandes que celle-ci. Ce
» feroit pour faire un gros in-folio , ou trois
» in-4°. Je fuis perfuadé qu'un femblable ma-
» nufcrit enrichiroit un Libraire , & qu'on y
» courroit comme au feu , fur-tout en France.

» Un de mes amis a tiré une copie d'après
» l'original, qui appartient à M. Errard, Avocat
» de Paris, qui a époufé une niece de M. Richer.
» C'eft proprement la juftification & les preuves
» d'un autre petit ouvrage , *de Ecclefiafticâ &*
» *Politicâ Poteftate*. On ne peut rien de plus fort,
» ni de plus mordant. Je ne défefpere pas d'être
» dans peu maître de ce manufcrit.

» Dans une autre lettre , du 17 Avril , qu'il
» adreffoit au même M. Brigode, Dom Thierry
» déclare qu'il a pris des peines infinies pour
» faire une impreffion belle , bien correcte , &
» commode de Richer.

» D'après l'empreffement & le zèle du parti
» pour faire imprimer le livre de Richer ,
» d'après fon enthoufiafme & fa jubilation fur
» cet ouvrage , annoncé par le parti comme
» très-fort & très-mordant, auquel on courroit
» comme au feu, fur-tout en France ; comment
» pouvoir douter que les Janféniftes n'aient
» accueilli favorablement la doctrine du Ri-
» chérifme ? »

L'Auteur ne dit pas où il a trouvé ces lettres, & ce seroit affez pour qu'on s'en défiât. Il ne mérite certainement pas d'être cru fur fa parole. En les fuppofant vraies, fi c'eft Dom de Viaixnes qui a fait imprimer la défenfe du livre de Richer, qui a paru à Cologne en 1701, il a rendu fervice à l'Eglife & à l'Etat. S'il a jugé cet ouvrage mordant, Richer a pu & dû l'être en réfutant des adverfaires tels que les Docteurs Duval, Durand & Mauclerc. Que ces lettres annoncent le zèle des prétendus Janféniftes pour la mémoire de Richer, ils s'en font honneur. Sans adopter toutes fes opinions, ils font juftement indignés des perfécutions qu'on a fait fouffrir à un Docteur fi eftimable, auffi recommandable par fa vertu que par fa fcience, & qui a maintenu avec tant de courage l'ancienne doctrine Galli_cane. Il faut être pouffé par l'efprit infernal pour accufer d'héréfie un tel homme qui n'a jamais demandé qu'à être entendu & à pouvoir expliquer fes propofitions. Qu'on faffe voir des héréfiarques qui aient été dans une telle difpofition!

Il y a des Auteurs, eftimables d'ailleurs, qui fe font laiffé prévenir contre la doctrine de Richer. Tel eft entr'autres l'Abbé Fleury, dans fon difcours fur les libertés de l'Eglife Galli-

cane : « Il y en a , dit cet écrivain d'ailleurs fi
» judicieux, qui voulant s'oppofer aux préten-
» tions exceffives de la Cour de Rome, font
» tombés en plufieurs excès contraires. Je ne
» parle pas des hérétiques qui regardent comme
» tyrannie toute fupériorité d'une Eglife fur une
» autre, mais de ceux qui reconnoiffent la pri-
» mauté du Pape : il y en a qui la regardent
» comme une inftitution utile, à - la - vérité,
» mais humaine & de fimple police eccléfiaf-
» tique, comme celle des Archevêques & des
» Patriarches, ce qui eft encore hérétique.
» D'autres veulent que l'Eglife ne foit gouvernée
» que par des Conciles, & que le Pape n'ait
» droit que d'y préfider; enforte que le gouver-
» nement de l'Eglife foit ariftocratique; ce qui
» femble être l'opinion du Docteur Richer,
» dans le traité *de la Puiffance Eccléfiaftique &*
» *politique*, qu'il publia en 1611, & qui fut
» condamné à Rome & en France ».

Croiroit-on que l'Abbé Fleury s'eft oublié
jufqu'à regarder comme réguliere la condamnation faite en France du livre de Richer! Si
le gouvernement de l'Eglife n'eft pas ariftocratique, il eft donc monarchique. Que devient
après cela la parole de Jefus-Chrift : *Reges gen-*
tium dominantur eorum. Vos autem non fic. Non
ita erit inter vos ?

(165)

Au surplus, l'Abbé Fleury n'accuse pas Richer d'héréfie, cela eft réfervé aux Duval, à l'auteur de la brochure, & autres de la même trempe. Il faut en effet n'avoir pas les premieres notions, ou être tranfporté de fureur, pour accufer Richer d'héréfie. Ce qui la caractérife, c'eft la réfiftance réfléchie à la décifion de l'Eglife, & le mépris formel de fon autorité. *Dic Ecclefiæ; fi Ecclefiam non audierit, fit tibi ficut Ethnicus & Publicanus.* Tant qu'il n'y a pas de refus d'écouter l'Eglife, il eft impoffible qu'il y ait d'héréfie : *Qui fententiam fuam, quamvis falfam atque perverfam, nulla pertinaci animofitate defendunt.... quærunt autem eautâ follicitudine veritatem, corrigi parati cum invenerint, nequaquam funt inter hæreticos deputandi.....* C'eft ce que dit faint Auguftin dans fon Epître 43. Or quel homme a annoncé plus de refpect pour l'autorité de l'Eglife, plus de foumiffion à fon jugement, plus de difpofition à défavouer ce qu'elle condamneroit? Il a demandé perféféramment à être entendu, promettant d'expliquer fes propofitions dans un fens catholique, & d'effacer de fes larmes les erreurs qui lui feroient échappées. Ces fentimens font directement oppofés à l'héréfie. Elle eft inconciliable avec l'obéiffance à l'Eglife. Pour traduire Richer comme chef de fecte, il faut être le plus

effronté de tous les calomniateurs, ou le plus
aveugle de tous les hommes.

Ce qu'il y a de singulier, c'est qu'une des
branches de la prétendue hérésie de Richer
consiste à restreindre trop le pouvoir légitime
du Pape, lui qui l'a beaucoup trop étendu,
& qui n'étoit pas entiérement dégagé des
vieux préjugés accrédités depuis long-temps sur
cette matiere. On peut en juger par l'épigraphe
qu'il a mise à la tête de ce livre qui a fait tant
de bruit. *Ecclesia est Politia Monarchica, ad
finem supernaturalem instituta; regimine aristocratico, quod omnium optimum, & naturæ convenientissimum est, temperata à summo animarum Pastore Domino nostro Jesu Christo.*

Richer veut donc que l'Eglise soit une monarchie. Elle a donc un Monarque ; & quel
sera-t-il ? C'est ce qu'il explique dans le chapitre trois. Le 1er Monarque c'est Jesus-Christ,
qui est le chef essentiel. Le second Monarque
c'est le Pape, à cause de l'autorité qu'il a sur
les Eglises particulieres, ainsi qu'il a été défini par le Concile de Constance, session 8,
art. 41, contre les erreurs de Wiclef. *Secundo
respectu Papæ, quatenus potestatem habet super
particulares Ecclesias, ut est à Patribus Constan-
tinensis Synodi definitum, sessione octava, articulo*

41, *contra errores Joannis Wiclef.* Les Evêques font auffi des Monarques dans les Diocèfes. *Tertio intuitu etiam cujuslibet in fua Diœ-
cefi : quoniam eft à Patribus Nicœnis definitum, ne plures unico Epifcopo in unaquaque
Ecclefia crearentur. Can VIII.*

On fent combien tout cela eft peu exact. Comment imaginer que des Evêques foient Monarques de leurs Diocèfes? Les Curés le font
donc auffi dans leurs Paroiffes. On diroit en-
vain qu'ils ont un fupérieur dans la perfonne
de l'Evêque. L'Evêque a auffi des fupérieurs :
le Métropolitain, le Concile provincial, le
Concile général. De ce que le Concile de Nicée
veut qu'il n'y ait qu'un Evêque dans chaque
Eglife, il ne fuit nullement qu'il y foit Monarque.

L'affertion n'eft pas plus fûre relativement au
Pape. Le Concile de Conftance ne lui a point
donné le titre de Monarque. L'art. 41 de
Wiclef porte qu'il n'eft pas de néceffité de
falut de croire que l'Eglife Romaine eft fouveraine entre toutes les autres Eglifes. *Non effe
de neceffitate falutis credere Romanam Ecclefiam effe fupremam inter alias Ecclefias.* L'article eft taxé d'erreur, fi, par Eglife Romaine,
il entend l'Eglife univerfelle, ou le Concile

général, ou en tant qu'il nieroit la primauté du Pape sur les autres Eglises particulieres. *Error est, si per Romanam Ecclesiam intelligat universalem Ecclesiam, aut Concilium generale, aut pro quanto negaret primatum summi Pontificis super alias Ecclesias particulares.* Où est en tout cela la monarchie? Le plus petit Evêque d'Italie a, dans son Diocèse, autant de pouvoir que le Pape en a dans celui de Rome. La chaire de Saint-Pierre est le centre de l'unité catholique. Il faut être en communion médiate ou immédiate avec celui qui y est assis. Il n'est pas par-là constitué Monarque. Il a enfin une primauté d'inspection & de vigilance, pour examiner ce qui se passe dans les différentes Eglises, afin de faire réparer toutes les infractions des saints Canons. Mais il ne peut rien ordonner en premiere instance dans toute autre Eglise que la sienne. Plaisant Monarque, qui ne peut pas de son chef rendre la moindre ordonnance dans le Diocèse d'un autre Evêque! Il est d'ailleurs soumis au Concile général, qui peut le corriger, le juger, le déposer. Ainsi il doit demeurer constant que Richer étoit encore à demi ultramontain, & qu'il ne renfermoit pas dans des bornes assez étroites les prérogatives du Pontife Romain. Il étoit ce-

pendant inculpé, comme les ayant trop refferrées.
On peut juger par cela feul du mérite de cette
accufation d'héréfie, & de la réalité de ce qu'on
veut appeler le Richérifme.

On a entendu les Cardinaux du Perron &
de Richelieu reprocher à Richer d'être ennemi de tous les Souverains, & de pofer des
principes deftructifs de toutes les monarchies;
cependant, qui le croiroit, il eft peut-être
un des Auteurs qui a le plus infifté pour établir que la Puiffance civile vient de Dieu auffi
immédiatement que le pouvoir facerdotal.

Il n'y a qu'à lire fon apologie de Gerfon,
axiome 50, p. 229 & fuivantes. Il y fait les
plus grands efforts pour établir l'infufion immédiate de la puiffance célefte fur les Souverains. Il pofe la même maxime dans la démonftration du chap. III de fon livre de la
Puiffance eccléfiaftique. *Cùm enim omnium
Theologorum confenfione poteftas civilis, poft &
propter peccatum Adami à Deo immediate inf-
tituta fit, ut corporibus & temporalibus impe-
raret, &c.*

Dans la démonftration du chapitre V, il
parle des Etats Monarchiques tempérés par l'arif-
tocratie, tels que l'Allemagne & la Pologne.
Ces Etats ne font pas gouvernés à la volonté

du Prince. Il y a un Sénat établi par la République, dont il eſt obligé de ſuivre les délibérations. Dans les Etats purement monarchiques, le Prince choiſit ſes Conſeillers comme
il lui plait, & il n'eſt pas obligé de ſuivre
leurs avis.

Richer met la France au nombre de ces
Royaumes purement monarchiques. *In Regio
& puré monarchico principatu, qualis eſt regnum
Franciæ, &c.*

Richer ſe trompe ſans doute, lorſqu'il veut
faire deſcendre du ciel l'autorité royale. Ces rai-
ſonnemens n'ont rien de ſolide. Mais quel excès
d'injuſtice, d'acharnement, de fureur, de le
mettre au rang des Monarquomaques; de le
dénoncer comme l'ennemi juré de toutes les
monarchies, & ſinguliérement de la Monarchie Françoiſe? Quelle extravagance n'y a-t-il
pas auſſi à ſuppoſer que l'Aſſemblée Nationale a bâti ſur les principes de Richer, &
qu'elle a puiſé dans ce Docteur ſon ſyſtême
de droit public?

Au ſurplus eût-il avancé des erreurs graves,
ſa profonde & ſincere ſoumiſſion à l'Egliſe,
& les inſtances qu'il n'a ceſſé de faire pour
être admis à expliquer ſes propoſitions, auroit
éloigné de lui à jamais le plus léger ſoupçon

d'héréfie. A-t-il réellement foutenu des opinions fauffes ? Sa Doctrine fur le gouvernement de l'Eglife & la hiérarchie eft-elle repré-
henfible ? Je pourrai l'examiner dans la fuite.
J'ai toujours rétabli fa réputation indignement
outragée. J'ai vengé l'honneur d'un homme
célèbre, dont la mémoire doit être précieufe
à l'Eglife & à l'Etat.

F I N.

(174)

DÉFENSE

DE RICHER,

CHIMERE DU RICHÉRISME,

OU

RÉFUTATION DE LA BROCHURE,

INTITULÉE:

Découverte importante sur le vrai système de la constitution du Clergé, décrétée par l'Assemblée Nationale.

SECONDE PARTIE.

A PARIS,

Chez LE CLERE, Libraire, rue S. Martin, près celle aux Ours, N°. 254.

————

1791.

DEFENSE
DE RICHER.

L'AUTEUR de la brochure intitulée : *Découverte importante fur le vrai fyftéme de la conftitution du Clergé*, décrétée par l'*Affemblée Nationale*, a chargé d'injures atroces le célébre Edmond Richer. Il l'a traité auffi mal qu'il auroit pu faire Luther & Calvin. Il a fatisfait en cela fon goût pour la déclamation, & la violence naturelle de fon caractere.

Dans un premier écrit, on a vengé la mémoire de cet homme vraiment eftimable. On a pefé quelques circonftances de fa vie, qui ont fourni matiere à la diffamation, & on croit l'avoir pleinement lavé de tous les reproches qui lui ont été faits. On a fur-tout fait fentir l'injuftice de l'accufation d'héréfie. Quelque doctrine que Richer ait enfeignée ; les inftances continuelles qu'il a faites pour être entendu, fes proteftations finceres & géminées de foumiffion au jugement de l'Eglife, le mettent à l'abri du plus léger foupçon de ce crime.

A-t-il réellement débité des erreurs graves ?

Son livre de la Puissance ecclésiastique & politique , qui a été poursuivi avec tant d'acharnement, contenoit-il des maximes qui pussent alarmer les Pasteurs , & exciter leur zele ? C'est ce que je me propose d'examiner. Il résultera de la discussion , que la guerre ouverte faite au livre & à son auteur , n'a eu pour principe que la prévention , la haine la plus marquée , & en même-temps la plus injuste. On verra que l'ouvrage a été condamné comme détruisant l'autorité légitime du successeur de saint Pierre ; & qu'il auroit au contraire mérité la flétrissure , comme lui ayant donné beaucoup trop d'étendue. Richer avoit secoué , par la force de son génie , & avec le secours de l'étude , une partie des préjugés qui subsistoient depuis long-temps sur cette matiere. Il n'avoit pas pu s'en débarrasser totalement. La Cour de Rome a sollicité la censure du livre comme contraire à ses prétentions ambitieuses. Nous pensons aujourd'hui qu'il ne leur est que trop favorable.

Pour juger du mérite des erreurs imputées à Richer , soit pendant sa vie , soit depuis sa mort , par la brochure que je réfute , il faut prendre l'ensemble de son système , & emprunter pour un moment ses idées. Il avoit lu les ouvrages de Bellarmin & autres modernes , qui accordent au Pape une monarchie abfolue, en vertu de laquelle il donne des loix à fon gré à toute l'Eglife. Ces maximes erronées étoient fort accré-ditées, même en Sorbonne. Elles étoient adop-tées par une affez grande partie du Clergé de France. Richer en fentoit la fauffeté. Il ne croyoit pas que le Pontife Romain fût ainfi légiflateur univerfel, & qu'il eût droit feul, dans fon palais, fans le concours d'aucun Concile, de publier des décrets obligatoires pour tous les fideles du monde. Il étoit cependant convaincu en même-temps que le Pape étoit véritablement monar-que, & qu'il n'appartenoit qu'à lui de faire exécuter & d'interpréter les Canons, & d'en accorder difpenfe dans toute l'Eglife. Il étoit bien difficile après cela de lui refufer la légif-lation générale, la formation de nouvelles loix auxquelles tous les Chrétiens devoient fe fou-mettre. Dans cette perplexité, voici la marche de Richer.

Il a établi d'abord que la jurifdiction ecclé-fiaftique avoit été donnée à toute l'Eglife, & non à faint Pierre feul. Il l'a prouvé en deux ma-nieres, & par la raifon & par l'autorité. C'eft la matiere des deux premiers chapitres.

Entraîné par le mauvais goût de fon fiecle, il a cherché à établir une vérité de droit divin positif, par des idées du droit naturel & d'une métaphysique obscure puisée dans Aristote.

Je débute, chapitre premier, par cet axiôme, que Dieu & la nature s'occupent d'abord & plus immédiatement du corps entier que d'une partie de ce même corps, quelque noble qu'elle soit. Ainsi la faculté de voir a été accordée à l'homme entier, pour être exercée par l'œil, comme organe & ministre de l'homme.

On ne s'aviseroit pas aujourd'hui de raisonner ainsi, pour établir que les clefs ont été données à toute l'Eglise, & non à saint Pierre seul. C'est cependant sur ce fondement infaillible que l'Ecole de Paris a enseigné de tout temps cette vérité (1).

____

(1) Schola Parisiensis hoc infaillibili munita firmamento, congruenter ad mentem omnium antiquorum Doctorum Ecclesiæ, perpetuò constanterque docuit Christum, fundando Ecclesiam, priùs, immediatius atque essentialius claves, sive jurisdictionem, toti dedisse Ecclesiæ quàm Petro; seu quod eodem redit, claves toti contulisse Ecclesiæ, ut per unum ministerialiter exercerentur, quandoquidem tota jurisdictio ecclesiastica primariò, propriè ac essentialiter Ecclesiæ convenit : Romano autem Pontifici atque aliis Episcopis instrumentaliter, ministerialiter, & quoad executionem tantùm, sicut facultas videndi oculo.

La même vérité eft établie dans le chapitre fecond, comme elle doit l'être, par des textes de l'Ecriture fainte & de la Tradition.

Voilà un premier dogme conftant. Jefus-Chrift a confié fa puiffance & l'autorité fpirituelle à toute l'Eglife, & non à faint Pierre feul. Le Pape, les Evêques, les Curés, ne font que les Miniftres de l'Eglife, & les inftrumens par lefquels s'exerce la jurifdiction conférée au corps entier. Il fuit bien delà, que l'Eglife feule eft infaillible ; que le Concile général qui la repréfente eft fupérieur au Pape qui n'eft que fon miniftre; & que le fucceffeur de faint Pierre ne peut pas lui donner des loix arbitrairement & à fon gré.

Mais d'un autre côté Richer croyoit que le Pape eft monarque ; qu'il eft évêque univerfel ; qu'il a dans toute l'Eglife l'exécution, l'interprétation, la difpenfe des Canons. Or comment concilier cette monarchie, cet épifcopat univerfel, cette puiffance fur toutes les églifes particulieres, avec cette fubordination à l'Eglife entiere, avec cette interdiction de la régler par des loix nouvelles?

Dans cette perplexité, Richer a jeté les yeux fur les gouvernemens civils. Il a vu des Monarques, dont les volontés font cependant enchaînées aux délibérations d'un Sénat. Il existe des monarchies , tempérées par l'aristocratie. Cette forme de régime lui a paru pouvoir accorder ces différentes vues , & il l'a aussi-tôt appliquée au gouvernement de l'Eglise. En quoi consiste cette aristocratie ecclésiastique ? C'est uniquement en ce que le Pape ne peut pas publier de nouveaux décrets , de nouveaux Canons obligatoires par - tout , sans le consentement du Concile général auquel il préside. Quels seront les droits de sa monarchie ? Il aura toujours une puissance très-étendue sur toutes les Eglises. Il y sera l'exécuteur , l'interprete , le dispensateur des Canons. Il aura sur tous ces points une liberté entiere , sans être gêné en rien par le régime aristocratique. Tel est le système de Richer , développé dans le chapitre III & les suivans de son livre , dont il fait autant de conséquences des deux premiers. C'est ce qui lui a fait établir dans le chap. III , que l'Eglise est une police monarchique , tempérée par un régime aristocratique.

Ecclesia est politia monarchica , ad finem supernaturalem spiritualem instituta , regimine aristocratico , quod omnium optimum , & naturæ convenientissimum est , temperata à summo animarum Pastore Domino nostro.

Richer a-t-il entendu par-là qu'il exiſtât perpétuellement dans l'Egliſe un Sénat, un corps fixe & ſtable, ſans le conſentement duquel le Pape ne peut abſolument rien faire ? C'eſt ce que ſes ennemis lui imputent. On prétend qu'il a enſeigné que l'Egliſe ne pouvoit être gouvernée que par des Conciles, & que le Pape avoit les mains liées, & ne pouvoit rien décréter, rien prononcer, ſans préſider actuellement à un Concile général.

Rien n'eſt plus éloigné de la penſée de Richer. Il n'a nullement ſuppoſé de corps ariſtocratique toujours ſubſiſtant, qui liât les mains au premier Paſteur. Il a ſuppoſé ſeulement qu'il y avoit dans l'Egliſe un régime ariſtocratique, c'eſt-à-dire, que le Pape, qu'il ſuppoſoit monarque, ne pouvoit pas lui donner des loix arbitrairement, ſans aucun conſeil, ſans conſulter perſonne. C'eſt ce qui eſt développé dans toute la ſuite de ſon livre.

Et d'abord, puiſque l'état de l'Egliſe eſt monarchique ; quel en eſt le Monarque ? Dans le chap. III, Richer donne d'abord cette qualité à Jeſus-Chriſt. Il eſt *Rex, Monarcha, Dominus abſolutus, fundator, petra & caput eſſentiale Eccleſiæ, ac abſolutum, ſive purum monarchicum in eam habet imperium.*

(10)

Jefus-Chrift ne fera jamais de divorce avec elle, ce qu'on ne peut pas dire du Pontife romain, qui n'en eft que le chef fymbolique & miniftériel, qui peut ne pas exifter pendant quelque temps fans qu'elle périffe, *quod de fymbolico & minifteriali capite Romano Pontifice, afferi non debet, quem faltem ad tempus adeffe & abeffe videmus fine Ecclefiæ interitu.*

Perfonne fans doute ne conteftera à **J. C.** la monarchie la plus entiere & la plus abfolue. Il eft le chef effentiel de l'Eglife, le monarque invifible. Le Pape en eft le monarque vifible, le chef miniftériel. On vient de le voir dans le chap. III.

Suivant le chap. IV, S. Pierre eft feulement difpenfateur & chef miniftériel. Il n'eft pas le maître, ni le fondateur de l'Eglife. *Divum Petrum effe tantummodo difpenfatorem & caput minifteriale, non dominum aut fundatorem Ecclefiæ : hoc enim uni & foli Chrifto, capiti effentiali per quem & propter quem fubftat Ecclefia, competit.*

Jefus-Chrift, parlant à S. Pierre, dit : *Edificabo Ecclefiam meam, non tuam. Pafce oves meas, non tuas.* Pourquoi J. C. tient-il ce langage ? *Ut oftenderet Ecclefiafticos ad puram difpenfationem aut adminiftrationem, non ad ali-*

quem dominatum temporalem aut principatum
merè & absolutè monarchicum vocari.

Jesus-Christ interdit expressément la domination à ses Ministres, *Reges gentium dominan-*
tur eorum. Vos autem non sic. S. Pierre ne l'ex-
clut pas moins. *Non dominantes in Cleris.* S.
Bernard représente au Pape Eugene que toute
domination lui est défendue. Par-là S. Pierre
& S. Bernard établissent le régime aristocratique. *Qua epanorthosi D. Petrus & Bernardus,*
specimen regiminis aristocratici, quod capite 5,
6 & 8 describetur, nobis ponunt ante oculos.

Voilà donc en quoi consiste le régime aristocratique, qui a fait dire tant d'injures au
pauvre Richer. Il se borne à exclure la domination, & un gouvernement de caprice & de
fantaisie. Le régime aristocratique est uniquement, dans l'esprit de Richer, l'opposé au gouvernement arbitraire.

Il sait parfaitement que les modernes, pour
conserver plus sûrement leurs priviléges, abu-
sent de ces paroles, *Pasce oves meas.* Ils en
inferent que Jesus-Christ a donné toute la jurifdiction ecclésiastique à S. Pierre, pour en faire
part ensuite à qui il voudroit. *Non me latet re-*
centiores, ut sua privilegia expeditius propu-
gnent, obtendere Dominum hâc voce, Pasce oves

meas , *uni & foli Petro totam detuliffe jurifdic-*
tionem ecclefiafticam , *quo eam deinceps pro animi*
fui arbitrio , *quibufcumque vellet difpertiretur.* Ils
font combattus fi clairement par l'Ecriture fainte ,
par tous-les Docteurs , & par la pratique des
premiers fiecles , qu'il eft étonnant qu'ils ofent
pofer de tels principes. *At facræ Scripturæ ora-*
culis omnium antiquorum Doctorum monimen-
tis ; *necnon etiam ipfa praxi veteris Ecclefiæ* ,
tam plané atque aperté confutantur , *ut mirum*
fit illos tam abfurda comminifci audere.

Jefus-Chrift, en difant à S. Pierre *Pafce oves*
meas , lui a conféré la premiere & la pleine
liberté d'exécuter les loix divines , naturelles
& canoniques , ou d'en difpenfer , fuivant les
regles du régime ariftocratique, comme cela
fera expliqué au chapitre IX. Il ne faudroit
pas autre chofe pour développer la penfée de
Richer , & le laver de toutes les calomnies.
On lui impute d'avoir dit que le Pape ne pouvoit rien ordonner abfolument qu'à la tête d'un
Concile. Le voilà qui enfeigne pofitivement
que Jefus-Chrift a donné à S. Pierre la pleine
liberté de faire exécuter toutes les loix , ou
d'en difpenfer. Il eft vrai que faint Pierre
a reçu ces pouvoirs pour en ufer fuivant les
regles du régime ariftocratique qui fera expli-

qué au chapitre IX. Lifant ce chapitre, on voit le Pape autorifé à exécuter, à interpréter les loix, ou à en difpenfer dans toute l'Eglife. La feule chofe que le régime ariftocratique ne lui permette pas, c'eft de publier de nouveaux décrets fans l'avis du Concile général auquel il préfide.

Ainfi, tout ce que le régime ariftocratique ôte au Pape, c'eft le droit de donner des loix à l'Eglife arbitrairement & à fon gré. Richer lui laiffe la liberté la plus entiere de faire exécuter les anciennes, de les interpréter, & d'en difpenfer. En ceia il étend beaucoup trop loin les prérogatives du Pontife Romain. C'eft à chaque Evêque à exécuter, à interpréter les Canons, ou à en difpenfer dans fon Diocèfe. Le Pape ne le peut que dans celui de Rome, à moins qu'il n'ait le confentement de l'Evêque territorial. Cependant on ne ceffe de répéter que Richer a ôté tout pouvoir au Pape, à moins qu'il ne fût à la tête d'un Concile.

Dans le chapitre V Richer diftingue l'état de l'Eglife de fon gouvernement. L'état eft monarchique, pour entretenir l'unité, l'ordre & l'exécution des Canons ; le régime eft ariftocratique quant à la maniere de gouverner, à l'obligation de prendre confeil pour la publication des loix nouvelles. *Tertium principium , statum Ecclesiæ ab ejusdem regimine distinguit : status enim monarchicus est, tum ad unitatem atque ordinem vindicandum , cum ad executionem Canonum, quæ Romano Pontifici , velut capiti ministeriali congruit : regimen verò aristocraticum, propter solidam providentiam, efficax consilium, & constitutiones eorumdem Canonum.*

Voilà encore d'avance ce qu'on doit voir chapitre IX. Le Pape est monarque en ce qui concerne l'exécution des Canons dans toute l'Eglise. Il n'est pas gêné à cet égard par le régime aristocratique. Rien n'est plus faux, sans doute ; car l'exécution des Canons est attribuée à chaque Evêque dans son Diocèse. Le régime aristocratique, l'obligation de prendre conseil, n'a lieu que pour la publication des loix nouvelles, qui doivent être le fruit d'une délibération commune. Jesus-Christ a voulu que son Eglise fût gouvernée suivant les loix , & par conseil, & que les Papes & les autres Prélats ne fissent rien d'important de leur propre mouvement, & qu'ils assemblassent & consultassent souvent le conseil aristocratique de l'Eglise. C'est pourquoi les anciens Canons ordonnoient la tenue des Conciles provinciaux deux fois l'année.

Il est donc encore démontré faux par ce chapitre, que le Pape ne puiffe abfolument rien faire fans le Concile général. Il eft Souverain, dégagé des liens du régime ariftocratique, lorf-qu'il ne s'agit pas de publier des loix nouvelles. Il n'eft tenu de délibérer avec le Concile géné-ral que dans les chofes de grande importance, qui fe bornent à la publication des loix nou-velles.

Suivant le chapitre VI, le pouvoir infaillible de décider & de faire des loix nouvelles réfide dans toute l'Eglife, ou le Concile général qui la repréfente ; & c'eft-là ce qui eft principale-ment affujéti au régime ariftocratique. *Infailli-bilem poteſtatem decernendi aut condendi Cano-nes effe penes totam Ecclefiam, aut generale Con-cilium illam repræfentans : qua in re, natura re-giminis ariftocratici potiſſimum confiſtit.*

Voilà toujours le même fyftéme bien fuivi. Le régime ariftocratique, l'obligation d'agir en commun n'a lieu que lorfqu'il s'agit de former des décifions & des loix nouvelles. Dans tout le refte, le Pape eft monarque abfolu. L'arif-tocratie difparoît.

Richer le répete encore à la fin du chapitre. Il renvoie aux actes des Conciles généraux pour y voir que ce n'eft pas le Pape feul qui pro-nonce les décrets doctrinaux, & qu'ils le font

par le consentement de toutes les Eglises particulieres. C'est-là, ajoute-t-il, la preuve la plus
certaine du régime aristocratique. *Quæ certissi-
ma atque evidentissima est regiminis aristocratici
demonstratio.*

Les Ultramontains objectent la priere de Jesus-Christ pour que la foi de Pierre ne défail-
lît point, & la charge qui lui est donnée d'af-
fermir ses freres. Le chapitre VII écarte ce
texte.

Dans le huitieme, Richer présente la fréquente célébration des Conciles, comme absolument & simplement nécessaire pour le meilleur & le plus saint gouvernement de l'Eglise.
*Frequentem celebrationem Synodorum absolutè &
simpliciter necessariam ad Ecclesiam melius sanc-
tiusque regendam.*

Dans les actes des Conciles on voit fréquem-
ment ces formules, *præter Canonem absque Canone, contra Canones, vel ex Canone aliquid
agere.* Richer en conclut que l'Eglise doit être
gouvernée par les Canons, *Ecclesiam Canone
regi debere; & antiquitus nihil quicquam absque
Concilio & moderatione aristocraticâ statutum
fuisse.*

C'est delà qu'on impute à Richer d'avoir dit
que l'Eglise ne pouvoit être gouvernée que par
des

des Conciles. Pourquoi donc les plus anciens Canons en ordonnoient-ils la tenue deux fois par an? Pourquoi, dans les derniers temps, avoit-on preſcrit la convocation des Conciles généraux tous les dix ans ? Qui oſeroit dire que l'Egliſe a été plus floriſſante & mieux gouvernée depuis que ces ſaintes aſſemblées ont ceſſé d'être en uſage? Enſeigner que la fréquence des Conciles eſt néceſ-ſaire à la perfection du régime, eſt-ce ſoutenir qu'on ne peut abſolument régir ſans Concile ?

Nous voilà arrivés au chapitre IX, où Richer nous a renvoyés pluſieurs fois. C'eſt-là qu'on doit trouver l'explication claire du régime ariſ-tocratique. Il y reconnoît la plénitude de la puiſ-ſance papale ſur les Egliſes particulieres, & non ſur l'Egliſe univerſelle. *Sextum principium plenitudinem autoritatis pontificiæ definit, prunò ad Eccleſias particulares per mundum diſperſas, ſed nequaquam ad Eccleſiam univerſalem in Concilium congregatam.*

Ne voilà-t-il pas un beau début ? Cette préten-due plénitude de puiſſance ſe borne à inſpecter ce qui ſe fait dans chaque égliſe, à exhorter à la réforme des abus, à ordonner même, ſi l'on veut, cette réformation ſur laquelle le Pape ne peut rien prononcer directement. Eſt-ce-là une plénitude de puiſſance ? Richer explique auſſi-

B

tôt en quoi il la fait confister. *Secundò ad exe-cutionem, interpretationem & difpenfationem, mi-nimè verò ad inftitutionem Canonum, nifi per fè aut per Legatos fuos Concilio præfideat, atque omnium Patrum fuffragia & confenfum fubdûcat.*

Par-là le Pape eft établi exécuteur, interprete & difpenfateur des Canons dans toute l'Eglife. C'eft une erreur formelle. Il n'a ces droits que dans fon Diocèfe. Ils appartiennent à chaque Evêque dans fon territoire. C'eft par abus, c'eft du moins du confentement tacite des Prélats, que le Pape accorde des difpenfes à d'autres qu'à fes Diocéfains. Qu'il publie une Bulle ou un Bref pour obliger un habitant de Paris à l'exécution d'un certain Canon, ils feront abufifs & fans effet, à moins que l'Archevêque n'y joigne l'autorité diocéfaine. Il en fera de même d'une Bulle interprétative des faints décrets. Sa vertu eft fubordonnée à la volonté de chaque Evêque. Ce font là les élémens des libertés de l'Eglife gallicane. Richer accorde cependant très - libéralement tous ces droits au Pape. Il ne lui refufe que la formation des loix nouvelles, obligatoires dans toute l'Eglife, pour laquelle il eft dépendant du concours d'un Concile général.

Il avoue cependant que le Pape ne peut difpenfer des décrets du Concile général, que dans le cas où le Concile en difpenferoit lui-

même. C'eſt encore une maxime ultramontaine,
qui réſerve au Pape ſeul la diſpenſe des décrets du Concile général, comme excédant le
pouvoir des Evêques.

Dans la ſuite du chapitre, Richer ajoute que
l'Etat monarchique de l'Egliſe, ou la plénitude
de la puiſſance du Pape, conſiſte dans les deux
chefs qu'il vient de propoſer ; c'eſt-à-dire,
dans cet épiſcopat univerſel ſur toutes les Egliſes, dans cette liberté indéfinie d'exécuter,
d'interpréter les Canons, & d'en diſpenſer par-
tout, & non dans cette puiſſance abſolue que la
plupart des modernes lui attribuent ſur l'Egliſe
elle-même. *Cæterùm in his duobus articulis,
quos hoc proloquio complexi ſumus, ſtatus monarchicus Eccleſiæ, ſive plenitudo juriſdictionis
papalis potiſſimum conſiſtit ; non autem in abſolutâ
poteſtate, quàm contra jus divinum & naturale,
plerique recentiores in Eccleſiam invehere nituntur.*

Rien n'eſt plus clair. 1°. L'état monarchique
de l'Egliſe ou la plénitude de la puiſſance du
Pape ſont la même choſe, *ſtatus monarchicus
Eccleſiæ, ſive plenitudo juriſdictionis papalis.*
2°. Cet état monarchique, cette plénitude de
la puiſſance papale conſiſte dans les deux chefs
qui ont été propoſés dans l'épiſcopat univerſel ſur toutes les Egliſes, dans le droit d'y exé-

cuter, d'interpréter les Canons, d'en relâcher la rigueur. 3°. Ce qui n'est pas compris dans cette puissance monarchique, ce qui est exclus par le régime aristocratique, c'est cette puissance absolue sur l'Eglise elle-même, en vertu de laquelle on prétend lui donner des loix nouvelles qui obligent tout l'Univers.

Richer résume ainsi tout ce qu'il a dit dans le chapitre : De l'état monarchique dépend la conservation de l'unité & de l'ordre, & l'exécution des Canons. Le régime aristocratique emporte la nécessité de prendre des conseils pour parvenir à une décision infaillible, & à un gouvernement tendant à l'édification, & non à la destruction. *Summa hujus disputationis est, à statu monarchico Ecclesiæ, unitatem ordinem, cum efficaci executione Canonum procedere : à regimine autem aristocratico, sanctissimum consilium, atque infaillibilem providentiam & decisionem, qua quidem Respublica christiana in perpetuam ædificationem, & non in destructionem gubernatur.*

On ne peut donc pas douter du sentiment de Richer. Le Pape a une véritable monarchie dans toute l'Eglise, en vertu de laquelle il est Evêque universel, Ordinaire des Ordinaires, auquel appartient, à ce titre, l'exécution, l'interprétation & la dispense des Canons dans tout le monde chrétien. Il n'y a point à cet égard d'aristocratie. La monarchie eſt pleine & libre. Tout ce que lui prohibe le régime ariſtocratique, c'eſt de prononcer de nouveaux décrets, de nouveaux Canons qui lient toute l'Egliſe, ſans qu'elle y ait conſenti dans l'aſſemblée d'un Concile.

C'eſt le réſultat des chapitres que je viens d'analyſer. Tous les ſuivans établiſſent la diſtinction des deux Puiſſances, & les droits que l'autorité temporelle peut avoir dans l'Egliſe.

Je demande après cela, ſi, avec un peu de bonne-foi, on imputera à Richer d'avoir ſoutenu que l'Egliſe ne peut être gouvernée que par des Conciles; que le Pape ne peut abſolument rien hors du Concile œcuménique, & qu'il a les mains liées par-tout ailleurs? Il eſt au contraire de la derniere évidence que Richer lui attribue une monarchie proprement dite ſur toutes les Egliſes particulieres. Il y a un droit illimité pour l'exécution, l'interprétation, la diſpenſe des Canons. Il y peut tout, excepté la publication des loix nouvelles : car s'il lui étoit libre d'en donner ainſi à toutes les Egliſes diſperſées, il obligeroit ainſi l'Egliſe univerſelle ſans ſon conſentement & malgré elle ; ce que ne permet pas

le régime aristocratique. En un mot, la puis-
fance du Pape eſt véritablement & proprement
monarchique dans tout le monde catholique,
pourvu qu'il ne s'agiſſe pas de publier des loix
nouvelles. Ai-je eu tort de dire que Richer
avoit été condamné comme ennemi du Saint-
Siége, & qu'il auroit mérité l'être comme ayant
combattu les maximes du Royaume, & les
libertés de notre Egliſe ?

Ce précis de ſa doctrine étoit néceſſaire pour
mieux apprécier les erreurs qu'on lui attribue,
& les accuſations formées contre ſa mémoire.

Dans l'Aſſemblée d'un certain nombre d'Evêques que le Cardinal du Perron convoqua
pour examiner le livre de Richer, il y releva
deux erreurs prétendues, dont il crut que les
Prélats ſeroient indignés. Richer ſoutenoit que
les élections étoient de droit divin. Il en réſul-
toit qu'il n'y avoit pas en France un ſeul Evêque légitime. Il enſeignoit que Jeſus-Chriſt
avoit envoyé auſſi immédiatement les Diſciples
que les Apôtres, & par-là il égaloit les Prêtres aux Evêques.

Cette ſeconde accuſation étoit le fruit de
la mauvaiſe foi la plus inſigne, puiſque Richer,
dans le chap. II, établit expreſſément la ſu-
périorité des Evêques.

Son but, dans l'ouvrage entier, eſt de faire voir que les clefs n'ont pas été données à ſaint Pierre ſeul, mais à toute l'Egliſe. *Non uni, ſed unitati.* C'eſt ce que les Saints Peres, & entr'autres ſaint Auguſtin, ont enſeigné très-expreſſément. Richer, dans le chapitre II, prouve, par pluſieurs textes de l'Evangile, que tous les Apôtres ont reçu la miſſion en même-temps que ſaint Pierre. La miſſion renferme certainement la collation de la juriſdiction. Jeſus-Chriſt a envoyé immédiatement, indiviſément & collectivement ſes Apôtres & ſes Diſciples, qui repréſentoient alors les Evêques & les Prêtres, comme il avoit été envoyé par ſon Pere, c'eſt-à-dire, avec l'autorité ſpirituelle néceſſaire pour gouverner l'Egliſe. Il réſulte de-là, dit Richer, que tout l'ordre hiérarchique, compoſé des Evêques & des Prêtres, tient immédiatement de J. C. ſon pouvoir & ſa juriſdiction pour le gouvernement de l'Egliſe. Ils ne l'ont pas néanmoins reçu tous dans le même degré. Il y a une ſubordination des uns aux autres (r).

____

(1) Quando igitur miſſio vera & realis eſt collatio juriſdictionis ; Chriſtus autem omnes Apoſtolos atque Diſcipulos, qui epiſcopalem & presbyteralem ordinem referebant, immediatè, individuè & collectivè miſit,

Pour faire concevoir cette ſubordination des Prêtres aux Evêques, quoique leur miſſion vienne de la même ſource, Richer emploie la comparaiſon tirée des bailliages & autres tribunaux inférieurs. Ils ſont ſoumis aux Parlemens. Ils tiennent cependant leur autorité du Roi, auſſi immédiatement que les Parlemens eux-mêmes (1).

Y a-t-il de la droiture à condamner Richer pour avoir égalé les Evêques aux Prêtres, pendant que, dans l'endroit même que l'on critique, il ſoutient ſi poſitivement l'infériorité des Prêtres?

Dans la démonſtration jointe au chapitre cinq, Richer dit, qu'on l'accuſe d'égaler entiérement les Prêtres aux Evêques, & d'avoir méconnu la différence que le droit divin met entr'eux. C'eſt une calomnie. Il y a entre les

---

ſicut à Patre ſuo, id eſt, cum juſta & ſpirituali autoritate ad Eccleſiam regendam neceſſaria miſſus fuerat : conſurgit totum ordinem hierarchicum, epiſcopali & ſacerdotali ordine conſtantem, immediatè, proportionatè tamen atque ſubordinatè, ſuam poteſtatem & juriſdictionem, hoc eſt, facultatem regendi Eccleſiam, à Chriſto derivare.

(1) Quemadmodum in Galliis, inferiores Judices ac Magiſtratus, quamquam ſubditi Parlamentis, atque tamen immediatè autoritatem ſuam à Rege chriſtianiſſimo mutuantur, quam ipſa Parlamenta.

Evêques & les Prêtres la distinction qui a sub-
sisté autrefois entre les Apôtres & les Disciples.
Or les Apôtres, auxquels succèdent les Evêques, étoient supérieurs, de droit divin, aux Disciples auxquels les Prêtres ont succédé (1).

Malgré l'infériorité des Prêtres, il n'est pas
moins vrai qu'ils gouvernoient autrefois l'Eglise
en commun avec l'Evêque, & sous son autorité. Richer en rapporte différentes preuves.
Il est fort attaché à cette succession des Prêtres
& des Curés aux soixante-douze Disciples. C'é-
toit une opinion accréditée de son temps. On
est convaincu aujourd'hui que les Curés suc-
cédent aux Apôtres, ainsi que les Evêques,

____

(1) Quoniam ego hoc capite docui Presbyteros ha-
bentes curam animarum ad nativum Ecclesiæ concilium pertinere : inde malevoli quidam persuadere volue-
runt, me Presbyteros omnino æquare Episcopis, quasi jure
divino Episcopi à Presbyteris non distinguerentur : quod
est falsissimum, neque ex libello meo colligi potest; verum
quando omnes Doctores catholici consentiunt, primum
atque eminentiorem gradum sacerdotii Christi, qui unus
est specie in tota Ecclesia, eodem jure Episcopis super
Presbyteros competere, quo olim Apostolis super 72
Discipulos conveniebat : & nemo in dubium revocat,
quin Apostoli jure divino 72 Discipulis anteirent : hinc
necessario confugit, Episcopos jure divino Presbyteris
antecellere : quoniam ex divina institutione certissimum
est, Episcopos jure ordinario Apostolis, & Presbyteros
72 Discipulis successisse.

quoique dans une moindre plénitude.

Je crois Richer pleinement lavé de la 1ere accusation : je passe à la seconde. Ayant établi dans le chapitre second, que Jesus-Christ avoit confié son autorité aux autres Apôtres, ainsi qu'à saint Pierre, il répond à une objection des Ultramontains. Ils conviennent que l'autorité a été donnée à l'Eglise, mais pour être ensuite communiquée aux Evêques par les successeurs de saint Pierre ; & que c'est pour cela qu'aujourd'hui toute la puissance ecclésiastique est empruntée du Pape (1).

Richer répond que, suivant la pratique de l'Eglise primitive, & la disposition des Canons, les bénéfices ont été conférés, pendant 1400 ans, par la voie de l'élection, qui forme le droit commun : cet usage est fondé sur ce que tout gouvernement dépend du consentement des hommes, quant à sa force coactive. Cela est confirmé par la loi divine & la loi naturelle, contre lesquelles il n'y a point de prescription (2).

___

(1) Forsan caufabuntur poteftatem jurifdictionis primitus quidem inftitutam & collatam Ecclefiæ à Chrifto, fed ea lege ut poftmodum per Romanos Pontifices, Petri fucceffores, propagaretur, atque aliis Epifcopis communicaretur ; eamque ob caufam, omnem autoritatem iftinc hodie repeti ac derivari.

(2) Refpondebis praxi Ecclefiæ primitivæ, & facris

C'eſt cette doctrine que le Cardinal du Perron reproche à Richer, & de laquelle il in-
féroit qu'il n'y avoit pas en France un ſeul
Evêque légitime. Du Perron n'étoit en cela que
l'écho de Duval. Voyons comment Richer s'eſt
défendu contre ce Docteur dans la démonſtration du chap. II.

Richer a dit que les élections étoient de droit
divin. Il l'a dit d'après ſaint Cyprien dans ſon
épître 68. Ce ſaint Docteur enſeigne que le
peuple a droit de choiſir un ſaint Evêque, &
de refuſer celui qui ſeroit indigne de l'épiſcopat ; ce qui eſt fondé ſur l'autorité divine,
*quod & ipſum videmus de divina autoritate deſ-
cendere.* Les Apôtres l'ont pratiqué ainſi dans
le choix du ſucceſſeur de Judas, ſuivant en
cela les enſeignemens divins, *ſecundùm divina
magiſteria.* Cet uſage vient de la Tradition divine & apoſtolique. *Quod diligenter de Tradi-
tione divinâ, & apoſtolica obſervatione obſervan-*

Canonibus exploratiſſimum eſſe collationes beneficiorum,
ſicùt nunc eas vocitant, quadringentis & mille annis,
communi jure, hoc eſt, ſacroſanctis electionibus fac-
tas : ratio eſt, quoniam omnis principatus, quoad vim
coactivam, ab hominum conſenſu pendet, ut lex divina
& naturalis confirmant : quas adverſum, neque ſpatia
temporum, neque privilegia locorum, neque dignitates
perſonarum, unquam præſcribere poterunt.

dum est & tenendum, quod apud nos quoque fere
per provincias universas tenetur.

Mais Richer a dit, qu'il ne pouvoit y avoir
aucune prescription contre les élections ; &
Duval en a conclu qu'il regardoit tous les
Evêques comme intrus. *Hinc Magister Andræas*
Vallius colligit, ab eo tempore, quo electiones
cessarunt in Galliis, sequi, juxta meam opinio-
nem, Ecclesias nullos plane habuisse legitimos Pas-
tores, & continuò periisse.

Richer répond, que l'Eglise est gouvernée,
tantôt par la voie ordinaire, tantôt par la voie
extraordinaire , & que ces deux voies sont
également d'institution divine ; *& utramque esse*
divinæ institutionis. Les circonstances obligent
quelquefois à renoncer au droit ordinaire ; &
depuis le concordat , l'Eglise de France est gouvernée par le droit extraordinaire (1).

Richer a soutenu qu'il ne pouvoit pas y
avoir de prescription contre les élections. Il

____

(1) Hæc erit summa nostræ disputationis de sacris
electionibus. Primo necessitatem , quæ , ut vulgo dicitur,
legem non habet , sæpe jus ordinarium eligendi in ex-
traordinarium commutare : & hodie in Galliis jure extra-
ordinario provideri Ecclesiis de Pastoribus per Regis no-
minationem , & constitutiones Papæ : ita ut Rex & sum-
mus Pontifex , hodiernâ die titulum atque materiam ,
id est Diœcesim conferant : activa autem jurisdictio, per
ordinis episcopalis collationem defertur.

a voulu dire par-là que l'Eglise les remettroit
en vigueur quand elle le jugeroit à propos,
puisqu'elles n'ont été abrogées que de son consentement tacite, & qu'elles sont ordonnées par
le droit divin & le droit naturel (1).

Il seroit difficile de justifier Richer sur ce
point. Les élections sont de pure discipline,
& ne sont fondées sur aucun précepte divin.
Il a eu une opinion fausse sur ce point, &
sur d'autres encore. Tout ce qu'il y a d'important, c'est qu'il ait rejetté la conséquence qu'on
vouloit tirer de son principe. Or, il a condamné cette conséquence, plus encore par sa
conduite, que par l'explication qu'il a donnée de
ses principes. Il a toujours reconnu le Cardinal de Retz pour son Evêque & son supérieur. Il a toujours traité tous les autres Evêques avec le respect dû à leur caractere. En
attaquant le prétendu Concile de la province
de Sens, qui a censuré son livre, il n'a point
contesté aux Prélats le titre d'Evêque dont
ils étoient en possession. Il a adopté une idée

____

(1) Secundò nullam adversum sacras electiones præ-
scriptionem posse decurrere ideo dixi, quia quotiescum-
que videbitur Ecclesiæ, illas poterit in integrum resti-
tuere : cùm tacito ejusdem consensu abrogatas, & juris
divini ac naturalis esse constet : idque quotidiana Pontificis Romani electio plus satis comprobat.

peu exacte, dont il n'a tiré aucune conclusion qui pût troubler l'ordre hiérarchique de l'Eglise. Sera-t-il pour cela hérétique, lui qui n'a demandé qu'à être entendu, qu'à pouvoir expliquer sa doctrine ; étant prêt de se soumettre à ce qui seroit décidé par l'Eglise ? Si tous les auteurs, qui ont avancé des propositions fausses, sont hérétiques, il n'y a pas un Théologien, pas un Canoniste, pas un Jurisconsulte, qui puisse éviter cette qualification. Les deux reproches faits à Richer par le Cardinal du Perron ne peuvent déshonórer que leur auteur.

Les inculpations formées contre Richer dans la brochure sont encore plus remplies de mauvaise foi & d'envie de calomnier. « Les prin-
» cipes de l'Auteur, dit-on, p. 3, sont que
» toute communauté parfaite, & toute société
» civile, a le droit de se gouverner elle-même ;
» que le droit de gouverner toute la commu-
» nauté appartient, dans la premiere origine,
» à la communauté même ; qu'il lui appartient
» plus immédiatement, plus essentiellement
» qu'à aucun particulier ; que tout cela est fondé
» sur le droit naturel, contre lequel ni la multi-
» tude des années, ni les priviléges des lieux, ni
» les dignités des personnes ne pourront jamais
» prescrire ». On cite la page 5 de l'ouvrage de

Richer, comme contenant cès maximes.

On a vu que Richer, pour établir que les clefs avoient été données à l'Eglife & non à faint Pierre feul, a dit que Dieu & la nature étoient occupés d'abord & plus immédiatement du corps entier, que d'une de fes parties, quelque noble qu'elle fût. La faculté de voir a été accordée à l'homme entier, pour être exercée par l'œil, comme fon organe & fon miniftre.

Richer a effuyé fur cela quelques critiques de Duval. Il a dit, en fe défendant, que, fuivant le droit divin & naturel, une communauté parfaite, une fociété civile, a premiérement, plus immédiatement, plus effentiellement, le droit de fe régir elle-même, qu'un particulier n'a droit de la gouverner. De même l'Eglife, ou le Royaume de J. C., pris pour l'ordre hiérarchique, a en premier, plus immédiatement, plus effentiellement, le droit de fe conduire lui-même, que le Pape ne peut avoir droit de le gouverner & de le régir. *Sicut jure divino naturali omnibus perfectis communitatibus, & civili focietati prius, immediatius, atque effentialius competit, ut fe ipfam gubernet quam alicui homini fingulari ut totam focietatem & communitatem regat: fimiliter etiam prius, immediatius, ac effentialius toti Ecclefiæ, aut regno Chrifti, fumpto pro hierarchico ordine con-*

venit , ut se ipsum reget , quam ut ab uno & solo Papa regatur.

C'est la premiere partie de ce texte que cite la brochure. Ce qu'elle ajoute de l'imprescriptibilité a rapport aux élections , dont il est parlé à la fin du chapitre second. L'auteur de la brochure le joint au chapitre premier. Il n'a jamais lu le livre de Richer contre lequel il s'acharne.

Le texte qu'il cite , & qui se trouve effectivement p. 4 dans la démonstration du chapitre premier , présente une vérité indubitable. Voilà un million d'hommes qui se réunissent en corps politique. Ils ne peuvent pas se gouverner eux-mêmes. Cela est impossible à une société nombreuse. Ils doivent nécessairement se choisir un ou plusieurs chefs. De qui tiendrontils l'autorité de commandement ? Ce ne peut être que de la société elle-même ; & comment auroit-elle cédé le droit de la régir , si ce droit ne lui appartenoit pas ? Elle ne peut en user , & par cette raison elle en céde à quelqu'un l'exercice. Elle n'auroit pas pu le céder , si elle ne l'avoit pas eu sur elle-même. *Nemo dat quod non habet.* Je n'examine pas , si cette maxime s'applique à la question si Richer a bien fait de la poser. Je soutiens qu'elle est

de

de la derniere évidence ; & qu'en la critiquant
on renonce au bon sens.

« De ces maximes, continue la brochure,
» Richer, tiroit les conclusions suivantes : Donc
» toute la jurifdiction fur la communauté
» appartient à la communauté même, préfé-
» rablement à ceux qui en font les chefs. Donc
» le Pape n'a point fur toute l'Eglife, ni les
» Evêques fur leurs Diocèfes, une primauté de
» jurifdiction ; mais la jurifdiction appartient à
» la communauté, & le Pape n'eft que le pre-
» mier des miniftres de l'Eglife, *caput minif-*
» *teriale*; & les Evêques, les premiers minif-
» tres de leurs Diocèfes. Donc, concluoit en-
» core Richer, les Evêques ne peuvent faire
» en leurs Diocèfes aucun réglement confidé-
» rable fans leur Synode, ni le Pape dans
» l'Eglife fans un Concile général, parce que
» le Pape ni les Evêques n'ont le pouvoir de
» faire des loix, ni des Canons, mais feulement
» le pouvoir de faire exécuter les loix portées
» dans les Synodes & dans les Conciles ».

On trouveroit difficilement un diffamateur
plus effronté. Il lui feroit bien impoffible de
citer les pages où Richer a tiré ces conféquences. *Donc toute la jurifdiction fur la com-*

munauté appartient à la communauté même, pré-
férablement à ceux qui en font les chefs. Les paroles qu'on vient de rapporter démentent expreſſément cette conféquence. On a vu que
Richer concentre toute la juriſdiction dans le
feul ordre hiérarchique, qui ne forme pas
toute l'Eglife. Il écarte encore, à la même page,
le reproche que lui faiſoit Duval d'accòrder
le pouvoir des clefs au moindre d'entre les
Laïcs. *Porro, ex his duobus axiomatibus &
fimilitudine oculi, Magiſter Andrœas Vallius oc-
caſionem arripuit mihi grandem conflandi invi-
diam : quia in Elencho ſuo comminiſcitur, me
cum Luthero ſentire, nimirum claves datas etiam
laïcis, bajulis, & cerdonibus.*

Pour toute réponſe, Richer renvoie au ſecond chapitre de ſon livre, dont voici le ſom-
maire en tête. *Chriſtus immediatè & per ſe claves ſive juriſdictionem ordini hierarchico contulit,
per immediatam & realem miſſionem omnium
Apoſtolorum atque Diſcipulorum.* Dans le corps
du chapitre il eſt répété pluſieurs fois que
les clefs ont été données à l'ordre hiérarchique. *Quæ liquido indicant,* continue-t-il,
*Richerium, quando dicit claves datas Eccleſiæ,
nominatim de ſacerdotali Eccleſia aut ordine hierarchico loqui, cui ſoli Dominus ſacerdotium*

fuum cùm facultate regendi Ecclefiam credidit:
. L'auteur de la brochure n'avoit garde de
laiffer paffer une fi belle occafion de déclamer
contre les Janféniftes. « Non-feulement, dit-il,
» p. 10 , ils ont accueilli favorablement la doc-
» trine du Richérifme, mais ils l'ont favorifée ,
» ils l'ont adoptée pour la leur de la maniere
» la moins équivoque. Ouvrons le livre du P.
» Quefnel, lifons fa quatre-vingt-dixieme pro-
» pofition. *C'eft l'Eglife qui a l'autorité de l'ex-*
» *communication, pour l'exercer par les premiers*
» *Pafteurs , du confentement au moins préfumé de*
» *tout le corps.* Il eft évident que cette affertion
» eft une conféquence du fyftême de Richer :
» car, d'après fa propofition générale , la jurif-
» diction appartient à toute la fociété civile
» ou eccléfiaftique , & les chefs n'ont que le
» pouvoir exécutif. Or , une fentence d'excom-
» munication eft un acte de jurifdiction. Donc
» l'Eglife, qui eft une fociété , a feule le droit
» d'excommunier en commun. Donc, il faut
» au moins le confentement préfumé de tout
» le corps. Donc les Evêques , qui font les
» premiers, ne peuvent pas porter eux-mêmes
» la fentence d'excommunication , mais ils
» n'ont que la faculté de mettre cette cenfure
» à exécution. Nous le répétons, il eft fenfible

» que la propofition de Quefnel émane direc-
» tement du fyftéme de Richer. Eft-il éton-
» nant qu'il l'ait prôné & propagé avec tant
» d'ardeur » ?

Ce n'étoit pas affez pour l'auteur d'avoir
affilié le Janfénifme au Richérifme. Il ne feroit
pas content s'il ne l'affocioit au Calvinifme.

» C'eft, continue-t-il, une chofe curieufe de
» voir, avant le Janfénifme, le Calvinifme en-
» feigner le dogme de Richer. Sa doctrine
» eft précifément la confeffion de foi d'Anne
» du Bourg, qui, comme Calvinifte, fut con-
» damné à mort fous Henri III. Je crois, difoit
» Anne du Bourg, la puiffance de lier & de
» délier, qu'on appelle communément les clefs
» de l'Eglife, être donnée de Dieu, non point
» à un homme ou deux, mais à toute l'Eglife;
» c'eft-à-dire à tous les fideles & croyans en
» J. C. Cette affertion, comme on s'en apper-
» çoit à la feule lecture, eft à peu près la
» même que celle de Quefnel, & dérive de la
» maxime de Richer, que la jurifdiction appar-
» tient collectivement à la fociété entiere ».

» Ainfi on peut affurer, avec la plus exacte
» vérité, que le Richérifme n'eft qu'un fyftême
» combiné des maximes des Ligueurs, des Cal-
» viniftes & des Janféniftes ».

Croiroit-on qu'on pût porter la fureur jufqu'à un tel excès ? Un Calvinifte a dit que les clefs avoient été données à tous les fideles. Donc le Calvinifme eft la doctrine de Richer, qui enfeigne expreſſément que Jefus-Chrift ne les a confiées qu'au feul ordre hiérarchique. On impute de même aux Janféniftes d'attribuer les clefs à tous les fimples laïcs, en marchant fur les traces de Richer, qui les leur refufe expreſſément, ne les accordant qu'aux feuls Pafteurs.

Le pouvoir d'excommunier appartient à l'Eglife, pour être exercé par les premiers Pafteurs, du confentement au moins préfumé de tout le corps. C'eft-là, dit-on, une fuite du fyftême de Richer. Il enfeigne que la jurifdiction appartient à toute la fociété civile ou eccléfiaftique, & que les chefs n'ont que le pouvoir exécutif. Et que peuvent-ils donc avoir autre chofe que l'exercice du pouvoir appartenant au corps dont ils ne font que les miniftres ? Une fentence d'excommunication eft un acte de jurifdiction. Donc l'Eglife, qui eft une fociété, a feule le droit d'excommunier en commun. La propofition eft que l'excommunication eft exercée par les premiers Pafteurs du confentement préfumé de tout le corps. Donc,

dit-on, il n'y a que le corps qui puiffe excommunier. Donc, dit-on encore, les Evêques ne
peuvent pas porter eux-mêmes la fentence
d'excommunication. La propofition eft cependant qu'eux feuls peuvent la porter. Il ne faut
pas attendre de raifon d'un forcené que la paffion aveugle. S. Paul fe glorifioit du titre de
miniftre de l'Eglife. *Pro corpore ejus, quod eft
Ecclefia, cujus factus fum minifter.* Les premiers
Pafteurs ne font que les miniftres du corps entier. Ils pourront agir malgré ce corps, fans le
confentement préfumé de ce corps. Qu'on ne
dife plus qu'ils en font les miniftres ; qu'on les
en déclare maîtres abfolus & propriétaires.

Voyons les autres conféquences tirées du prétendu fyftême de Richer.

*Donc le Pape n'a point fur toute l'Eglife,
ni les Evêques fur leurs Diocèfes, une primauté
de jurifdiction, mais la jurifdiction appartient à
la communauté, & le Pape n'eft que le premier
des miniftres de l'Eglife*, caput minifteriale,
& les Evêques les premiers miniftres de leurs
Diocèfes. On vient de voir que la jurifdiction
n'appartient point à tout le corps, mais au
feul Ordre hiérarchique. Que le Pape ait une
primauté de jurifdiction fur toute l'Eglife, c'eft
le comble de l'ultramontanifme. C'eft le fyf-

tême de Duval, dont l'auteur de la brochure est le digne collegue. Le Pape a une primauté de juriifdction fur les Eglifes particulieres, qui confifte dans une vigilance & une infpection de ce qui s'y paffe, pour faire réformer ce qui bleffe les Canons. Il n'y peut rien ordonner de fon chef en premiere inftance.

Que fera-t-il donc, s'il eft autre chofe que le chef miniftériel de l'Eglife? Il en eft donc le chef effentiel & le dominateur. Que fera Jefus-Chrift? Saint Paul fe regardoit-il autrement que comme fon miniftre? *Sic nos exiftimet homo ut miniftros Chrifti.* Ne dit-il pas aux Corinthiens que tout eft à eux, foit Paul, foit Céphas? Le Pape fe glorifie du titre de ferviteur des ferviteurs de Dieu; cependant il ne fera pas le miniftre de l'Eglife.

On ne veut pas non-plus que l'Evêque foit le premier miniftre de fon Eglife. Il en eft donc le maître abfolu; fon Eglife eft à lui, pour lui, pour fon propre intérêt. Il peut la gouverner comme il voudra. Il faut que cela foit ainfi, ou qu'il n'en foit que le premier miniftre.

Donc les Evêques ne peuvent faire en leurs Diocèfes aucun réglement confidérable fans leur Synode, ni le Pape dans l'Eglife fans un Concile

général, parce que le Pape ni les Evêques n'ont
le pouvoir de faire des loix, ni des Canons,
mais seulement le pouvoir de faire exécuter les
loix portées dans les Synodes & dans les Conciles.
Où Richer a-t-il tenu ce langage ?

Il a enseigné que la fréquence des Conciles
étoit absolument nécessaire pour le bon gouvernement de l'Eglise. Il parle en cela d'après
les loix qui dans les premiers temps assem-
bloient les Conciles deux fois l'année. Il a dit
que l'Evêque ne pouvoit rien faire d'important
sans son Synode. Il est encore à cet égard sous
la protection des Canons qui convoquoient les
Synodes deux fois l'année. Pourquoi des con-
vocations si multipliées de tous les Pasteurs du
second Ordre, si l'Evêque pouvoit terminer,
au gré de son caprice, même les affaires ma-
jeures ?

Quant au Pape, loin de le réduire à l'inaction
totale lorsqu'il est séparé du Concile, on a vu
que Richer lui donnoit beaucoup trop d'autorité. Il lui accorde dans toutes les églises particulieres l'exécution, l'interprétation & la
dispense des Canons. C'est la suite de sa monarchie. La seule chose que le Pape ne puisse
pas sans le Concile œcumenique, c'est la formation des nouveaux décrets, soit de dogme,

ſoit de diſcipline. Toute cette doctrine de
Richer n'eſt rien moins qu'exacte. Ces droits,
qu'il attribue au Pape dans chaque égliſe particuliere, appartiennent à l'Evêque. Le Pontife
Romain ne peut, comme tel, ni exécuter ni
interpréter les Canons, ni en diſpenſer dans
l'Egliſe d'Oſtie. L'Evêque d'Oſtie peut ſur cela
dans ſon Egliſe ce que le Pape peut dans la
ſienne. Tous les décrets prononcés par le Pape
ſur ces matieres ne devroient avoir aucun effet
dans le Diocèſe d'Oſtie, ſans le conſentement
de l'Evêque.

Qu'on juge après cela ſi le Pape a les mains
liées, s'il eſt réduit à une impuiſſance totale,
lorſqu'il ne préſide pas actuellement à un Concile œcuménique. Qu'on juge ſi Richer mé-
connoît la primauté de l'Evêque dans ſon Diocèſe.

Rien n'eſt donc plus faux, plus calomnieux,
que les principes qu'on attribue à Richer, &
les conſéquences qu'on en tire. Il n'y aura pas
moins d'abſurdité, moins de folie, dans l'application qu'on en fait aux décrets de l'Aſſemblée Nationale.

« 1°. D'après le grand principe de Richer,
» que toute ſociété a droit de ſe gouverner
» elle-même, & que les chefs n'ont que le

(42)

» pouvoir ministériel ou exécutif, le Pape n'a
» point sur toute l'Eglise la primauté de jurif-
» diction. C'étoit en vertu de cette primauté
» que jufqu'ici le Pape avoit conféré l'inftitu-
» tion canonique aux Evêques nouvellement
» nommés, qui lui envoyoient leur profeffion
» de foi, & qui lui faifoient ferment d'obéif-
» fance canonique, c'eft-à-dire, fur les objets
» relatifs à la Religion. C'étoit à ce titre que
» l'Eglife avoit réfervé au Pape les difpenfes à
» certains degrés de parenté, ainfi que les vifa
» fur les réfignations en faveur. Or, l'Affemblée
» a décrété que déformais les Evêques ne pren-
» droient plus leurs Bulles d'inftitution du Pape ;
» que celui-ci ne donneroit plus ni difpenfes
» ni vifa ; que les Evêques n'auroient plus de
» relation avec le Souverain Pontife, qu'en lui
» faifant notifier feulement qu'ils font élus.
» Ainfi l'Affemblée, renverfant tous les liens
» effentiels de fubordination vis-à-vis du Pape,
» renverfe, d'après Richer, la primauté de ju-
» rifdiction ».

Tel eft le langage de la brochure, page 17.
Tout y eft faux & infenfé.

(10). Richer n'a point dit que toute fociété a
droit de fe gouverner elle-même, fans fe
donner aucun chef. Il n'étoit pas capable d'une
telle déraifon. Il a dit que tout corps, toute

société qui se forme, renferme en elle-même le droit de se gouverner. Si elle ne l'avoit pas, comment pourroit-elle le céder ? Cela est incontestable de tout corps politique.

Il en est autrement de l'Eglise, dont Jesus-Christ a dressé le plan selon sa souveraine sagesse. Ce ne sont pas les hommes qui se sont donné des chefs dans l'ordre spirituel. Richer a soutenu, il a prouvé, par l'Ecriture Sainte & la Tradition, que Jesus-Christ avoit donné les clefs au corps entier de l'Eglise, & non à saint Pierre seul : lui attribuer d'avoir soutenu que le corps de l'Eglise pourroit se gouverner lui-même sans avoir de chefs, c'est une malice diabolique.

2°. Richer a enseigné que les chefs de toute société n'avoient que le pouvoir ministériel. Le Pape, les Evêques, les Pasteurs du second Ordre, ne sont que des ministres de l'Eglise. C'est le seul titre qu'ils se soient toujours donné eux-mêmes. Il faut, ou qu'ils ne soient que ministres, ou qu'ils soient maîtres & propriétaires. Prétendroit-on que l'Eglise est à eux & qu'ils ne sont pas à elle ?

3°. De ce que Richer réduit le Pape à la qualité de chef ministériel, on infére qu'il lui ôte la primauté de jurisdiction *sur toute l'Eglise.* Jamais il n'a eu une telle primauté. Il en a une fur les Eglifes particulieres, & non fur l'Eglife, ce qui défignéroit l'Eglife univerfelle. Cette primauté de jurifdiction fur les Eglifes particulieres, il l'exerce comme miniftre de l'Eglife, & pour le bien de l'Eglife. Si cela n'eft pas ainfi, cette jurifdiction lui appartient pour lui-même, pour fon propre intérêt. L'auteur feroit peut-être affez bas valet de la Cour de Rome, pour n'être pas effrayé de cette conféquence.

4°. C'eft en vertu de cette primauté de jurifdiction que jufqu'ici le Pape avoit conféré l'inftitution canonique aux Evêques nouvellement nommés. Dès-là cette primauté de jurifdiction ne remonteroit pas plus haut que le concordat en 1516 : car c'eft uniquement depuis cette époque que le Pape expédie les Bulles des Evêchés. La pragmatique attribuoit au chapitre de la cathédrale l'élection des Evêques, qui étoient enfuite facrés par le Métropolitain, fans aucun recours au Siége Apoftolique.

5°. C'eft en vertu de cette primauté de jurifdiction que les Evêques envoyoient au Pape leur profeffion de foi, & lui faifoient ferment d'obéiffance canonique, c'eft-à-dire, fur les objets relatifs à la Religion. La primauté de jurifdiction du Pape auroit été alors créée par Grégoire VII; car c'eft lui qui a inventé ce ferment scandaleux que les Evêque ont eu la baffeffe de prêter depuis. Qu'on le life, & on jugera s'il eft borné uniquement à des objets religieux.

6º. C'eft en vertu de la primauté de jurif-diction, que l'Eglife avoit réfervé au Pape les difpenfes à certains degrés de parenté, ainfi que les vifa fur les réfignations en faveur. Où eft le bon fens d'attribuer à une primauté de jurifdiction de droit divin des ufages très-mo-dernes ? Quant à la réferve des difpenfes ; qu'on nous montre la loi de l'Eglife qui la prononce ? Elle n'a d'autre principe que l'ufurpation des Papes, contre laquelle les Evêques fe font plus ou moins défendu. De-là vient la variété des ufages fur ce point. Plufieurs Evêques ont re-tenu certaines difpenfes, dont d'autres fe font laiffé dépouiller.

7º. Suivant la brochure, l'Affemblée a décrété que déformais les Evêques ne prendroient plus leurs Bulles d'inftitution du Pape ; que celui-çi ne donneroit plus ni difpenfes, ni vifa ; que les Evêques n'auroient plus de relation avec le Souverain Pontife, qu'en lui faifant notifier feu-lement qu'ils font élus.

En décrétant que les Evêques ne feroient plus venir de Bulles de Rome, & que le Pape ne donneroit plus de vifa, l'Affemblée a détruit

le concordat. C'étoit la convention la plus irréguliere, la plus injuste, la plus contraire à
l'esprit de l'Eglise, contre laquelle les assemblées du Clergé n'ont cessé de jeter les hauts
cris pendant plus d'un siecle. Telle est la piece
dont on regrette l'abolition. En défendant de
solliciter des dispenses à Rome, on a remis
les Evêques en possession d'un pouvoir insépa-
rable de leur caractere. Quel renversement de
la raison, que, pour se marier à Paris, ou pour
y être pourvu d'un bénéfice, il faille aller
chercher à trois cents lieues une dispense, ou
un titre canonique !

L'Assemblée a, dit-on, décrété que les Evêques n'auroient plus de relation avec le Souverain Pontife, qu'en lui faisant notifier seulement qu'ils sont élus. C'est une fausseté. Il est
vrai que, pour acquérir la dignité épiscopale, ils ne
dépendront plus en rien du Pape. Ils lui noti-
fieront seulement leur élection, pour entretenir
la communion avec le centre de l'unité catholique.
Ils lui écriront d'ailleurs, tant qu'ils le jugeront à
propos, sur les affaires particulieres qui se présen-
teront. Le Pape exercera à leur égard tous les
droits véritablement attachés à sa primauté.

Ainsi, dit-on, l'Assemblée, renversant tous les
liens essentiels de la subordination vis-à-vis du
Pape, renverse, d'après Richer, la primauté de

jurifdiction. <u>Double calomnie</u> : la premiere contre l'Affemblée, la feconde contre Richer. On a vu que, loin de renverfer la primauté de jurifdiction, il fait du Pape l'évêque univerfel, & un véritable monarque, auquel appartient, comme tel, l'exécution, l'interprétation & la difpenfe des Canons dans tout l'Univers.

L'Affemblée eft ainfi gratuitement outragée. Elle n'a point rompu les liens qui uniffent les différens membres à leur chef. Elle a fait ceffer des abus. Elle a remis les Evêques en poffef-fion de leur autorité, que les Papes avoient ufurpée à la faveur des fauffes Décrétales, & par différens moyens très-peu canoniques. La cor-refpondance entre les Evêques & le Saint - Siége eft réduite à l'état où elle auroit toujours dû être, où elle étoit dans les premiers fiecles. Plût à Dieu que tous les décrets de l'Affem-blée ne fuffent pas plus repréhenfibles !

La brochure continue, p. 18. « Selon Richer, » les Evêques n'ont fur leurs Diocèfes aucune » primauté de jurifdiction. Dans leurs Diocèfes, » ils ne peuvent faire aucun réglement fans leur » Synode, parce qu'ils n'ont le pouvoir de faire » aucune loi, mais feulement de faire exécuter » celles portées dans leurs Synodes ».

« L'Affemblée Nationale a décrété que les » Evêques ne pourroient plus faire aucun acte

» de jurifdiction, fans le confeil de leurs Vicai-
» res, & que le Synode diocéfain réforme-
» roit toutes les ordonnances de l'Evêque. Ce
» Synode diocéfain ne pouvant être compofé
» que de fimples Prêtres, voilà le Presbyté-
» ranifme de Richer évidemment établi dans
» l'Eglife de France; les Evêques n'ont plus
» que le pouvoir miniftériel ».

1° Selon Richer, les Evêques n'ont, dans leurs Diocèfes, aucune primauté de jurifdiction. Non fans doute. Le Pape a cette primauté de jurif-diction fur les Eglifes dont il n'a pas le gouver-nement. L'Evêque a le gouvernement en chef du Diocèfe. La collation de certains Sacremens lui eft réfervée, ainfi que l'exercice de la jurif-diction contentieufe. Il eft le fupérieur des Paf-teurs du fecond Ordre, dont l'inftitution, la correction, la deftitution lui appartient. Richer ne lui a jamais contefté tous ces droits. Il recon-noît expreffément que la fupériorité des Evê-ques fur les Prêtres eft de droit divin.

2° Les Evêques ne peuvent faire aucun régle-ment dans leurs Diocèfes fans leur Synode, parce qu'ils n'ont le pouvoir de faire aucune loi, mais feulement de faire exécuter celles por-tées dans leurs Synodes.

Richer a dit, chap. V, que Jéfus-Chrift a
voulu

voulu que l'Eglise fût gouvernée par les Canons
& les Conciles, *Canone & Concilio Ecclesiam
gubernari voluit:* Les Papes & les autres Prélats ne devoient rien ordonner d'important, de
leur propre mouvement, ou avec l'avis d'un
conseil privé, tel que peut être celui de leurs
Grands-Vicaires. *Quo Romani Pontifices, atque
alii Episcopi, nihil quicquam magni momenti de
proprio motu, aut oligarchici consilii suasione de-
cernerent.* Ils doivent assembler & consulter
souvent le Concile aristocratique de l'Eglise.
*Sed aristocraticum Ecclesiæ Concilium frequenter
cogerent ac consulerent.* C'est pour cela que les
anciens Canons ordonnoient la tenue des Conciles provinciaux deux fois par an. Ce qui est
vrai du Pape par rapport au Concile général
est vrai aussi des Evêques par rapport à leurs
Synodes; parce que chaque Evêque doit gouverner son Eglise par loix, & non par puissance absolue. *Quæ ratio œcumenici Concilii ad
Romanum Pontificem, eadem quoque & Synodorum particularium ad suos Episcopos : quoniam particulares Ecclesias itidem Canone non
absoluta potestate, à propriis, gubernari opor-
tet.*

Que peut-on trouver de repréhensible dans
une telle doctrine? Qui doute que, suivant

D

l'efprit de l'Eglife , l'Evêque ne puiſſe rien faire d'important ſans convoquer ſon Synode ? Qu'il ne le conſulte pas ſur ce qui eſt d'adminiſtration quotidienne , ſur ce qui ne tend qu'à l'exécution des anciens Canons , *tranſeat*. Mais lorſqu'il s'agit de dreſſer des loix nouvelles, il doit inconteſtablement ne le faire qu'à la tête du Synode , & après une délibération commune. C'eſt pour cela que le Synode devoit être aſſemblé deux fois l'année. Les Evêques ſe ſont mis en poſſeſſion de conduire leur Eglife , comme le grand Seigneur gouverne ſes Etats. Ils trouvent des Prêtres vils eſclaves qui eſſaient de juſtifier leur conduite ſur ce point.

3° L'art. XV du titre premier du décret du 12 Juillet 1790 porte , que « les Vicaires » des Eglifes cathédrales , les Vicaires-Supé- » rieurs , & Vicaires-Directeurs du féminaire , » formeront enſemble le conſeil habituel & per- » manent de l'Evêque , qui ne pourra faire au- » cun acte de jurifdiction , en ce qui concerne » le gouvernement du Dioceſe & du fémi- » naire , qu'après en avoir délibéré avec eux. » Pourra néanmoins l'Evêque , dans le cours » de ſes viſites , rendre ſeul telles ordonnan- » ces proviſoires qu'il appartiendra ».

(51)

Cette décifion eft fort étrange. L'Eglife a
donné pour confeil à l'Evêque, tout le Clergé
de fon Diocèfe, & finguliérement les Curés,
foit de la ville épifcopale, foit des autres Paroiffes. Il plaît à l'Affemblée Nationale de changer cette difcipline ; & de réduire le confeil
de l'Evêque à dix, douze, ou au plus feize Vicaires. Ce qui devoit, fuivant les Canons, être
délibéré dans une Affemblée de deux ou trois
cents Pafteurs du fecond Ordre, ne le fera plus
qu'avec dix ou douze Eccléfiaftiques. L'Affemblée Nationale le veut ainfi, & fa volonté tient
lieu de raifon. Elle a prefqu'autant de droit
dans l'Eglife que dans l'Etat. Elle peut anéan-
tir le Confeil canonique des Evêques, comme
elle a pû abolir le confeil des parties.

Elle a, dit-on, décrété, que le Synode Diocéfain réformeroit toutes les ordonnances de l'Evêque. Ce Synode Diocéfain ne pouvant être
compofé que de fimples Prêtres, voilà le Presbytéranifme de Richer évidemment établi
dans l'Eglife de France.

C'eft une infigne impofture. L'art VI du
même décret porte, que l'Evêque Diocéfain
ayant prononcé dans fon Synode fur des matieres de fa compétence, il y aura lieu au
recours au Métropolitain, lequel prononcera
D 2

dans le Synode Métropolitain. Cè ne fera jamais le prétendu Synode Epifcopal, qui réformera les ordonnances de l'Evêque. Elles feront réformées par le Métropolitain dans fon prétendu Synode.

L'Affemblée eût-elle en cela confacré le Presbytéranifme, ce ne feroit pas celui de Richer, qui regardoit les Evêques comme Supérieurs aux Prêtres de droit divin. Malgré cela il fera Presbytérien, parce qu'il faut afolument vomir des injures.

Qu'on fe plaigne de ce qu'une Affemblée purement civile détruit les Synodes ou Conciles Diocéfains; & de ce que le Sénat de l'Eglife eft concentré dans les feul Vicaires de la Cathédrale, qui ne font point Pafteurs en titre ; de ce qu'on fubftitue à un Concile prefqu'auffi ancien que l'Eglife, une coalition quelconque, formée au gré de l'Affemblée, dont elle tient toute la miffion; de telles plaintes font bien fondées. L'Auteur de la brochure ne fe borne pas-là. Il impute à l'Affemblée un décret qu'elle n'a pas prononcé. Les menfonges & les calomnies coulent chez lui comme de fource.

« Selon Richer, eft-il dit, p. 19, l'Affem» blée de la Communauté eft indifpenfable pour

» fon gouvernement; ce qui lui a fait établir
» que les Etats-Généraux font abfolument né-
» ceffaires pour l'adminiftration du Royaume,
» comme les Conciles & les Synodes le font
» pour gouverner l'Eglife.

« De-là, Richer met toute la jurifdiction fpi-
» rituelle de l'Eglife, & par conféquent le pou-
» voir de lier & de délier, & l'autorité de l'ex-
» communication entre les main de la fociété en-
» tiere, c'eft-à-dire, entre les mains de tout le corps
» de l'Eglife, felon l'expreffion du P. Quefnel
« & de toute l'Eglife, c'eft-à-dire, de tous les
» fideles & croyans en J. C., felon le Cal-
» vinifte du Bourg ».

Où Richer a-t-il dit que les Etats-Généraux étoient abfolument néceffaires pour l'adminiftration du Royaume? Il a enfeigné que
la fréquente Affemblée des Conciles & des
Synodes étoit néceffaire pour le bon gouvernement de l'Eglife. Quand il auroit dit la
même chofe des Etats-Généraux, il feroit à
l'abri de tout reproche. Il eft impoffible qu'il
ne fe gliffe pas beaucoup d'abus dans le gouvernement d'un grand Royaume. Il eft utile
que le Prince, prefque toujours trompé par fes
Miniftres, en foit averti. Il ne peut l'être mieux,
que par les doléances que lui préfentent les Etats

affemblés. Auffi font-ils prefque toujours fuivis d'ordonnances qui réforment une partie des maux. Telles font celles de 1629, celles de Blois, d'Or-léans, &c.

De ce que Richer a regardé la fréquence des Conciles comme utile à l'Eglife , on conclut qu'il met la jurifdiction fpirituelle entre les mains de la fociété entiere ; lui qui enfeigne ex-preffément que le pouvoir des clefs a été donné au feul ordre hiérarchique.

« L'Affemblée Nationale, ajoute-t-on, a cal-
» qué fon régime eccléfiaftique fur ce plan.
» En effet qu'a-t-elle décrété? Que déformais
» les Métropolitains donneroient l'inftitution
» canonique aux Evêques fuffragans élus, &
» le plus ancien fuffragant au Métropolitain élu ;
» que plus de quarante fiéges épifcopaux fe-
» roient détruits, & 83 formés d'après une
» nouvelle répartition du territoire ; que la
» formation des nouvelles Cures fe feroit con-
» jointement par l'autorité de l'Evêque & du
» Département ; que l'Evêque feroit tenu de
» prendre pour fes Vicaires, les Curés dont les
» paroiffes feroient fupprimées dans la ville
» épifcopale ; enfin que tous les Curés auroient
» droit de choifir leurs Vicaires , fans leur pref-
» crire même de les choifir parmi les Prêtres
» approuvés par l'Evêque.

« Or, pour peu qu'on soit instruit des prin-
» cipes de la foi catholique & de la discipline de
» l'Eglise, personne n'ignore qu'à la puissance
» spirituelle seule, & non aux laïcs, sous aucun
» rapport, appartient le droit de donner l'institu-
» tion canonique aux nouveaux Evêques, le droit
» d'ériger des Evêchés & des Cures, le droit de
» fixer le territoire dans lequel est circonscrite
» la jurisdiction de chaque Evêque & de cha-
» que Curé ; le droit de nommer Vicaires-géné-
» raux, pour le seconder dans le gouvernement
» de son Diocèse, enfin le droit d'absoudre des
» péchés dans le sacrement de pénitence ».

Ainsi l'Auteur donne pour un article de la
foi catholique, que les Evêques ont seul droit
d'absoudre des péchés dans le sacrement de
pénitence. Quelle bassesse d'ame, quelle ser-
vile adulation ! On avoit cru, jusques à présent,
que les deux seuls Sacremens réservés aux Evêques étoient la Confirmation & l'Ordre. Il faut y
joindre la pénitence. Les Evêques seuls peuvent remettre les péchés dans ce Sacrement.
L'Auteur suppose que l'approbation pour con-
fesser, confere le pouvoir de remettre les péchés.
C'est pour cela qu'il fait un crime à l'Assemblée
d'avoir autorisé les Curés à choisir leurs Vicaires,
sans exiger qu'ils fussent approuvés par l'Evêque.

Il regarde l'approbation épiscopale néceſſaire, même à un Prêtre du Diocèſe, pour remplir le poſte de Vicaire. Il reproche à l'Aſſemblée, & avec raiſon, des entrepriſes criantes ſur la Puiſſance eccléſiaſtique. Il approuve toutes les entrepriſes des Evêques, ſur les Paſteurs du ſecond Ordre. Il ſe déclare l'apologiſte de la domination épiſcopale. Il met les Curés ſous les pieds des Evêques.

Qu'il s'élève contre les uſurpations de l'Aſ-ſemblée ſur l'autorité ſpirituelle, on ne peut qu'applaudir à ſon zèle à cet égard ; mais qu'il ne le faſſe pas aux dépens de Richer.

L'Auteur établit, p. 20, un axiôme dont la certitude ne peut pas être conteſtée. C'eſt que *nemo dat quod non habet*. On ne peut pas communiquer une juriſdiction qu'on n'a point. L'Aſ-ſemblée Nationale, n'ayant aucune puiſſance ſpirituelle, ne peut donc en communiquer au-cune. Cependant elle a donné cette puiſſance ſpirituelle aux Métropolitains, pour la miſſion des Evêques ſuffragans élus, & au plus ancien ſuffragant pour le Métropolitain élu. Or, il eſt impoſſible de concevoir que d'après le dé-cret, le Métropolitain, ou le ſuffragant, uſe de ce pouvoir autrement qu'en vertu de l'or-donnance de l'Aſſemblée ; & cette ordonnance

ſuppoſe un pouvoir ſpirituel donné par l'Aſſemblée.

L'Auteur prouve ainſi ſon aſſertion. Le Métropolitain tiendra ce pouvoir ou du Pape, ou
d'un Concile, ou de ſon caractere épiſcopal, ou
de ſa qualité de Métropolitain, ou du décret
de l'Aſſemblée Nationale. Il ne le tiendra pas
du Pape, qui abhorre les entrepriſes de l'Aſſemblée. Il ne le tiendra pas d'un Concile; il
n'y en a point eu depuis celui de Trente, qui
ait changé la diſcipline eccléſiaſtique. Il ne
le tiendra pas du caractere épiſcopal; il n'y
a pas un mot dans l'ordination des Evêques,
d'après le Pontifical, qui ait trait au pouvoir
de donner la miſſion canonique à d'autres Evêques. Il ne le tiendra pas de ſa qualité de Métropolitain; cette qualité n'eſt différente de celle
de l'Epiſcopat, que par l'attribution que l'E-
gliſe donne à un Archevêque d'une juriſdiction d'un reſſort plus étendu que celle d'un
Evêque ordinaire.

Ce Métropolitain, dans le nouvel ordre de
choſes, ſera ou un Prélat qui avoit pris
ci-devant ſes Bulles du Pape, ou qui ſera
ſeul élu ou inſtitué ſelon le nouveau décret.
Dans le premier cas, ce Métropolitain n'avoit
de juriſdiction que celle portée dans ſes Bulles

ou inftitution canonique; & dans fes Bulles il n'y avoit pas le pouvoir d'inftituer de nouveaux Evêques. Dans le fecond cas, ce Métropolitain fera un intrus, un fchifmatique, & dès-lors non avoué de l'Eglife & du Pape.

Donc, ce Métropolitain, ne tenant pas fon pouvoir des différentes fources qui viennent d'être indiquées, le tiendra néceffairement de l'Affemblée. Donc elle prétend avoir la jurifdiction fpirituelle, qu'elle communique par fon décret ; donc toujours d'après cet axiôme, *nemo dat quod non habet* ; fi l'Affemblée donne cette jurifdiction, elle eft forcée d'avouer qu'elle prétend l'avoir ; & voilà juftement la doctrine de Richer, des Calviniftes & des Janféniftes, que *la jurifdiction fpirituelle appartient à tout le corps de l'Eglife, compofé des laïcs & des Prêtres.*

Tout cela n'eft que le langage d'un Ultra-montain décidé, qui croit le Pape feul en état de donner l'inftitution canonique d'un Evê-ché. Si l'Affemblée n'avoit fait autre chofe que rendre aux Métropolitains la confirmation & le facre de leurs fuffragans, elle auroit relevé l'ancienne difcipline fur les ruines d'un abus moderne. Ce qui fait le vice, & le vice énorme du décret, c'eft d'obliger le Métropo-

litain à confirmer & à confacrer un Evêque
élu par des laïcs , des Proteftans , des Comé-
diens , & qui n'a aucun titre canonique. C'eft
de regarder comme Métropolitain , & d'o-
bliger à agir comme tel , un fimple Evêque ,
qui ne tient que de l'Affemblée feule la jurifdiction métropolitaine. C'eft de détruire arbitrairement les Provinces eccléfiaftiques , & de
tranfporter le titre de Méttopolitain d'un fiége
à l'autre. Ce font-là des excès , dont notre
fiecle étoit feul capable. Que cette conduite
monftrueufe foit juftifiée par la doctrine des
Richériftes & des Janféniftes , c'eft le refrain
de la chanfon de l'Auteur. Sa fureur , je dirois
prefque fa rage , contre Richer , n'eft pas encore affouvie.

Richer , dit la brochure , p. 25 , foutient que
les élections aux bénéfices font de droit divin.
De fon côté l'Affemblée Nationale a ordonné
que déformais tous les Evêques & Curés feront
nommés par élection. C'eft une conféquence
du Richérifme de l'Affemblée.

Richer , en foutenant les élections du droit
divin , a parlé de celles qui , felon luï , avoient
été en ufage pendant quatorze cents ans ; c'eft-
à-dire , de celles qui étoient faites par le Clergé
& le peuple , fous l'autorité du Métropolitain ,

& du Concile de la Province. L'Assemblée a ordonné que les Evêques & les Curés seroient élus à l'avenir par des laïcs, dont plusieurs très-incapables par état de concourir à une telle élection, & ce sans aucune subordination au Métropolitain & aux Evêques comprovinciaux; & sans que le prétendu Evêque élu reçoive d'institution canonique. Donc par de tels décrets l'Assemblée a suivi les principes de Richer.

L'Auteur est assez hardi, p. 26, pour demander à tout lecteur sensé & impartial, s'il n'est pas vrai que la doctrine de l'Assemblée, dans l'organisation politique & ecclésiastique du Royaume, soit celle de Richer. Or, dit-il, le Richérisme étant un système combiné des principes du Calvinisme, & ce système ayant été adopté depuis par le Jansénisme, il s'ensuit que la constitution politique & ecclésiastique, créée par l'Assemblée Nationale, est un amalgame de Richérisme, de Calvinisme & de Jansénisme, trois hérésies foudroyées par l'Eglise.

Ce n'est pas la seule conséquence tirée par l'Auteur. Il débite plusieurs extravagances qui enchérissent les unes sur les autres.

Richer existoit avant J. J. Rousseau & Montefquieu. Ils ne font donc pas , comme on le croyoit, les inventeurs du fyftême de la révolution adopté par l'Affemblée Nationale. L'invention en eft due à Richer. Donc les prétendus Philofophes en ont impofé à la Nation, en lui perfuadant que la conftitution étoit une conception fublime de la philofophie qui avoit enfanté le contrat focial & le pouvoir exécutif. Ils font fimplement plagiaires d'un Docteur en Théologie. Ils ont tout puifé dans le vieux livre de Richer.

Richer étoit un ligueur frénétique. Donc les Philofophes font indéfiniffables , eux qui nous donnent pour conftitution le fyftême du ligueur Richer, après qu'ils ont déclamé avec acharnement pendant trente ans contre le fanatifme des ligueurs & de la ligue.

Donc les Janféniftes fe font comportés avec leur fineffe & dextérité ordinaires dans la révolution, eux qui , felon leur ufage de fe rendre toujours invifibles , fe tenant cachés derriere le rideau, ont eu l'adreffe de nous donner , fans paroître y toucher , par les mains du fieur Martineau, une conftitution eccléfiaftique , qui textuellement n'eft qu'une production de la petite Eglife, c'eft-à-dire, un régime eccléfiaftique tout impregné de Janfénifme.

Richer a dit que le régime ariſtocratique étoit le meilleur & le plus conforme à la nature. Donc il eſt le pere de la révolution. L'Aſſemblée Nationale n'eſt autre choſe qu'une véritable ariſtocratie. Le pouvoir ſouverain eſt entre les mains d'un grand nombre de perſonnes. Il eſt inconcevable qu'on s'obſtine à nommer ariſtocrates les ennemis de la révolution. Ce nom convient plutôt aux défenſeurs du gouvernement ariſtocratique, qui forme actuellement celui du Royaume.

Au lieu de répondre à un homme qui raiſonne ainſi, il faut lui chercher une place aux petites maiſons. Heureux encore ſi c'étoit un fou doux & tranquille. Mais c'eſt un furieux, un forcené, un maniaque. C'eſt une bouche infernale, un volcan. C'eſt moins un homme qu'une furie. L'Aſſemblée Nationale pourroit ſe glorifier d'avoir un tel adverſaire. Il ne combat ſes décrets qu'en renonçant au bon ſens. Auſſi l'attaque qu'il lui livre, n'eſt-elle qu'un maſque. Il vouloit déblatérer contre les Janſéniſtes. Ce n'étoit pas aſſez de leur attribuer une ſeule héréſie ; il falloit leur en imputer deux. Pour cela on a créé celle du Richériſme, dont on les a rendus ſectateurs. On a accablé d'outrages la mémoire de Richer, l'homme le plus vertueux, le plus rempli de respect pour l'Eglise, le plus soumis à son autorité. On en a fait un hérésiarque, pour décrier plus efficacement ceux qu'on lui donne pour Disciples. L'Auteur de la brochure tiendra un rang très-distingué parmi les détracteurs & les persécuteurs des gens de bien. *Quis accusabit adversùs electos Dei? Deus qui justificat.*

F I N.